연세대학교 김대중도서관 연구총서 ④

# 김대중과 중국

연세대학교 김대중도서관 연구총서 4

# 김대중과 중국

2023년 6월 28일 1판 1쇄

지은이 이남주·장신기·장윈링·비잉다
펴낸곳 연세대학교 출판문화원
주소 서울특별시 서대문구 연세로 50
등록 1955년 10월 13일(제9-60호)
전화 02) 2123-3378~80
팩스 02) 2123-8673
전자우편 ysup@yonsei.ac.kr
홈페이지 http://press.yonsei.ac.kr
인쇄 화신문화(주)

ISBN 978-89-6850-716-8 (93910)

값 18,000원

연세대학교
김대중도서관
연구총서 4

# 김대중과 중국

이남주
장신기
장원링
비잉다
공 저

연세대학교 출판문화원

# 발간사

이번에 출간하는 『김대중과 중국』은 김대중도서관이 장기 프로젝트로 기획 중인 연세대학교 김대중도서관 연구총서의 네 번째 책이다. 이 책은 김대중 대통령의 대중 인식과 외교 전략, 재임 시기 정책 및 업적 등을 다루고 있다. 또한 김대중 대통령에 대한 중국 측의 인식과 평가를 살펴보기 위해서 중국 학자의 글도 수록하여 이 책의 가치를 더했다. 한중 관계 발전에 있어 김대중 변수의 특성과 영향력을 객관적이면서도 입체적으로 파악하는 데에 큰 도움이 될 것이다.

이 연구가 더욱 의미를 갖는 이유를 세 가지 차원에서 살펴볼 수 있다. 첫째, 김대중 대통령이 한중 관계 발전에 지대한 공헌을 했기 때문이다. 김대중 대통령은 동북아 평화와 동아시아 공동체 실현을 위한 담대한 비전 속에서 대중 외교를 전개했고, 중국의 이해와 협조를 이끌어 내어 1992년 수교 이후 경제 분야 협력에 국한되어 있던 한중 관계의 질적 발전을 이루어 냈다.

둘째, 김대중 대중 인식의 궤적은 지성사적 차원에서 의미가 크기 때문이다. 한중 수교 이전 냉전 시기 한국은 중국을 중공(中共)이라고 호칭할 정도로 냉전적인 시각 속에서 접근하여, 전반적으로 중국에 대한 인식이 단편적이었다. 그런데 김대중은 1950년대부터 중국의 동향을 예의주시했고, 중국과 한반도의 역동적인 상호 관계를 예리하게 포착하면서 자신의 외교 구상을 전개했다. 그 결실이 그의 4대국 안전 보장론, 3단계 통일론, 햇볕정책, 동북아 평화 체제, 동아시아공동체 구상 등이다. 그런 점에서 김대중 대중 인식의 궤적은 의미가 크다.

셋째, 김대중의 대중 외교 인식과 전략은 미래 지향적 관점에서도 여전히 유효하기 때문이다. 김대중은 이상과 현실, 가치와 실용을 함께 중요시하는 외교 노선을 정립했고, 대중 외교에 있어서도 그 원칙이 확인된다. 김대중은 한국의 국익을 최우선시하면서도 주변 강대국들과의 관계를 중시했으며, 가치와 이익 측면에서 양자 간의 접점을 최대한 넓히려고 했고 여기에 성공했다. 이와 같은 김대중의 외교는 신냉전 체제라는 말이 나오는 최근의 난국을 극복하는 데에 훌륭한 귀감이 될 수 있다는 점에서 의미가 크다.

이렇게 의미 있는 책이 나올 수 있도록 많은 노력을 하신 이 책의 공동 저자인 성공회대학교 중국학과 이남주 교수, 중국 산동대학교의 장원링, 비잉다 교수, 연세대학교 김대중도서관의 장신기 박사 등 네 분께 감사드린다. 또한 이 책이 출간될 수 있도록 사업비 확보에 큰 역할을 해 주신 김성재 김대중도서관 후원회장님께도 고마운 마음이다.

2023년 6월

연세대학교 김대중도서관장

**양재진**

## 목 차

## Ⅱ 김대중의 이상, 정치적 업적 및 유산 : 중국 학자의 관찰과 판단

**장원링** 张蕴岭 ◆ 산동대학교 석좌교수
**비잉다** 毕颖达 ◆ 산동대학교 동북아학원 교수

## Ⅲ 김대중 정부 시기 한중 관계

**이남주** ◆ 성공회대학교 중국학과 교수

# I

# 중국에 대한 김대중의 인식과 외교 전략

장신기

# 중국에 대한 **김대중**의 **인식**과 **외교 전략**

**장신기** 연세대학교 김대중도서관 사료 연구 담당

## 1. 들어가는 글

김대중 대통령은 한국 외교에 매우 큰 영향을 준 인물이다. 그는 반독재 민주화 투쟁 과정에서 수차례의 죽을 고비를 넘기고 망명, 투옥, 연금 등의 탄압을 받으면서 한국을 대표하는 민주, 인권 지도자로서 국제적으로 널리 알려졌고, 그 결과 대통령이 되기 전에도 국제 사회에 영향력을 가지고 있었다. 특히 중국과 러시아 등, 냉전 시기 한국과 적대적인 관계에 있던 국가에서도 알려진 인물이었다. 이에 1990년 한소 수교, 1992년 한중 수교 이후 러시아와 중국을 상대로 한 김대중의 민간 외교 활동이 본격화되었다. 러시아와 중국도 김대중을 비중 있는 인물로 판단하고 예우했다.

중국의 경우를 보면, 김대중이 1994년에 민간 기구인 아태재단 이사장 자격으로 중국을 방문했는데, 이때 중국은 김대중을 크게 환대했다.[1] 중국 정부도 김대중의 영향력을 인정한 것이다. 그리고 1998년 2월 김대중 정부가 들어선 이후에 중국은 한중 관계 발전을 위해 여러 노력을 기울였다. 당시 중국을 이끈 장쩌민 주석, 주룽지 총리 등이 김대중을 '따거(형님)'라고 호칭한 것에서 알 수 있듯이 김대중에 대한 중국 지도부의 인간적 신뢰도 한중 관계 발전에 영향을 주었다.

김대중 역시 중국을 중시했다. 한국과 중국은 1992년 8월 국교를 맺었지만, 김대중은 그보다 훨씬 전부터 중국에 대해 관심을 갖고 중국을 둘러싼 동아시아 지역 국제 정세 변화를 주시했다. 자료를 보면 김대중은 정치 입문 시기였던 1950년대 젊은 시절부터 중국에 대해서 관심을 갖고 있었음을 알 수 있다. 그는 1963년 국회의원이 된 이후에도 중국에 대한 관심을 이어 나갔는데, 특히 1972년 닉슨 미국 대통령의 방중을 통해서 미중 화해가 본격화된 뒤에는 중국 문제에 더욱 적극적이었다. 1979년 1월 미국과 중국이 국교를 맺게 되자 김대중은 대만과의 단교와 중국과의 국교 수립을 주장했다. 당시 한국은 지금의 중국을 중공(中共)이라고 호칭하면서 적대시하고 중화민국, 즉 대만의 정통성을 인정하고 있었다. 따라서 그러한 김대중의 인식은 대단히 파격적인 것이었다.

---

1 이에 관한 내용은 김하중, 『증언』, 비전과리더십, 2015 참조.

1992년 8월 한중 수교 이후 김대중은 중국을 총 8번 방문하면서 중국에 대한 이해를 넓혔다. 구체적으로 살펴보면 1994년 11월 1일부터 10일까지 처음 중국을 방문했고, 그 이후 1995년 10월 24일부터 29일까지, 1996년 10월 13일부터 18일까지, 1998년 11월 11일부터 15일까지, 2001년 10월 18일부터 22일까지, 2004년 6월 29일부터 7월 3일까지, 2008년 10월 26일부터 29일까지, 2009년 5월 4일부터 8일까지, 총 8번이다. 여기서 알 수 있듯이 중국과 김대중은 각각 서로에 대해서 깊은 관심을 갖고 있었으며, 우호적인 관계를 유지했다. 이와 같은 배경에서 김대중 정부 시기 한중 관계는 '협력 동반자 관계'로 발전했다.

김대중의 대중국 인식에 있어 주목할 지점은 동북아 지역 냉전 구조를 이해하는 데에 있어서 소련보다 중국의 영향력을 중시했다는 사실이다. 1972년 9월 16일 김대중은 이렇게 말했다.

> 우리의 입장은 소련이나 중국을 비교할 때는 중국이 절대적으로 우선하는 것입니다. 중국은 한만 국경선에 약 9할을 중국이 점령하고 있고, 역사적으로 우리가 같은 극동아세아 민족이고 같은 한문권이고, 대한민국이 세계 140여 개국 중에서 가장 많은 접촉과 가장 많은 영향을 받고 온 것은 중국입니다. … 원하던 원치 않던, 중국이 우리에게 7억 5000만을 가진 대국이 호의적으로 대했을 때 우리는 평화와 안전이 있는 것이고, 7억 5000만을 가진 중국이 우리에 대해서 적대적인 행위로 나왔을 때에는 우리는 커다란

위협에 직면하는 것입니다. 따라서 본질적으로 서방 국가인 소련과 전적으로 아세아, 그것도 극동 국가인 중국과는 비교도 안 될 우리의 관계인 것입니다.[2]

이처럼 김대중은 동북아 지역에서 중국의 위상과 역할이 소련에 비해 더 중요하다고 생각했다. 그리고 김대중은 중국이 위와 같은 위상을 갖게 된 이유는 중국이 1950년 한국 전쟁에 참전하여 미국과의 전쟁에서 패배하지 않고 정전 협정을 맺은 것과 관련이 깊다고 파악했다. 1983년 4월 30일 김대중은 이렇게 말했다.

본질적으로 한국은 제2차 세계 대전 이후 동서 양 진영이 벌여온 냉전 대결의 축소판이라고 할 수 있습니다. 두드러진 특징 중 하나는 중국이 한국 전쟁에 개입함으로써 이 지역의 강대국으로 다시 등장했다는 점인데요. 동아시아에서 중국의 영향력은 1894년 청일 전쟁에서 패배한 이후 줄곧 약화되어 왔습니다. 그러나 중국은 한국 전쟁의 당사자로서 휴전 협상에 참여하여, 미국 및 소련과 더불어 동아시아 지역에서 패권을 다투는 주요 경쟁자로 다시 부상했습니다. 중국은 북한의 동맹국으로서 소련과 경쟁하기 시작했죠.[3]

---

2 연세대학교 김대중도서관 편, 『김대중 전집 II 제6권』, 연세대학교 대학출판문화원, 2019, p. 720.

3 연세대학교 김대중도서관 편, 『김대중 전집 II 제10권』, 연세대학교 대학출판문화원, 2019, p. 250.

이와 같은 김대중의 해석과 진단은 사실에 부합했다. 일반적으로 국제 냉전은 미소 양극 체제에 의한 정치, 군사적인 대립과 긴장을 의미했다. 이런 상황에서 동북아 지역에서 소련보다 중국의 영향력을 더 높이 평가한다는 것은 쉬운 일이 아니었다. 그만큼 김대중이 유럽 지역 냉전의 특성과 다른 동북아 지역 냉전의 역사적, 지정학적 특성을 예리하게 파악하고 있었다는 것을 보여 준다.

김대중은 1950년대부터 중국을 둘러싼 국제적인 역학 관계를 고려하면서 한국의 안보와 국익을 위한 외교 전략을 구상했다. 또한 김대중은 한반도와 동북아시아, 그리고 더 나아가 동아시아 지역을 포괄하는 지역 전략을 갖고 있었다. 김대중은 자신만의 국가 전략을 가지고 중국과의 외교를 전개했으며, 특히 미중 협력 관계가 이어질 수 있도록 다방면에 걸쳐서 외교적인 노력을 기울였다. 그런 점에서 김대중의 대중 외교 인식과 전략을 살펴보는 것은 학문적으로 의미가 크다. 또한 미중 경쟁, 미중 대립 관계 속에서 한반도와 동북아시아 지역의 평화와 안정을 위한 외교 전략을 모색해야 하는 우리의 현실을 감안할 때 중국에 대한 김대중의 인식과 외교 전략은 현실적인 함의가 크다.

이를 위해서 김대중이 청년 시절인 1950년대에 남긴 자료부터 서거 3개월여 전인 2009년 5월 중국 방문에서 남긴 자료까지, 55년여 동안의 중국 관련 김대중의 말과 글을 분석하려고 한다. 시기를 좀 더 세분화해서 살펴보면 한국 전쟁 직후 1950년대 전지구적인 냉전 대립이 극심했던 때부터 1970년대 미중 화해 및 관계 정상화 시기, 1990년대 초 미소 냉전 해체와 미국 중심의 자유주의 국제 질서가 확립되고 한중 수교가 이루어지던 시기, 그리고 2008년 금융 위기로 미국의 침체와 중국의 부상이 이루어지면서 미중 경쟁 및 미중 대립의 구조적 배경이 강화되기 시작한 시기 등으로 구분할 수 있다. 이를 통해서 중국에 대한 김대중의 인식과 김대중의 대중 외교 전략을 분석하고자 한다.

## 2. 한중 수교 이전 중국에 대한 김대중의 인식

한국이 중국과 국교를 맺은 것은 1992년이다. 지리적으로 인접했고 역사적으로도 깊은 관계를 맺고 있던 한국과 중국이 수십 년간 관계가 단절된 근본적인 이유는 한국 전쟁 당시 교전 당사자였기 때문이다. 그리고 정전 협정 이후 남북한의 분단과 국제적인 냉전이 고착화되면서 1992년 국교를 맺기 전까지 한중 관계는 단절되었다. 이러한 상황 속에서도 김대중은 중국의 영향력을 중시했기 때문에 중국 내부의 동향과 중국과 연관된 국제적인 역학 관계에 대해서 깊은 관심을 갖고 있었다. 그러면서 중국과 관련한 각종 외교 구상 및 전략을 제시하였다. 이는 한중 수교 이후 김대중 외교 정책의 성격과 방향을 이해하는 데 있어서 중요한 의미가 있다.

### 1) 한국 전쟁 이후 미중 화해 이전

#### 가. 한국 전쟁 직후, 1950년대

1950년 6월 북한의 남침으로 발발한 한국 전쟁은 전 세계적인 차원의 냉전의 입구에서 동북아 지역에서 발생한 열전이었다. 한국 전쟁에는 남북한뿐만 아니라 미국이 주축이 된 유엔군과 중국까지 참전하면서 국제전의 성격까지 갖게 되었다. 그래서 한국 전쟁에는 남북한의 민족적, 이념적인 대립뿐만 아니라 국제적인 차원의 이념 대립에 따른 갈등까지 포함되어 있었다. 그 결과 1950년대 한국에서 강력한 이데올로기가 된 반공주의는 북한만을 상대로 한 것이 아니라 중국과 소련까지 포함하는 국제적 성격을 갖게 되었다. 1950년대 청년 김대중도 이와 같은 성격을 잘 이해하고 있었다. 정전 협정 체결 직후인 1953년 9월 5일 김대중이 쓴 글을 보면 이를 알 수 있다.

> 여기에 우리가 간과할 수 없는 중요한 문제가 있으니 그는 아세아가 직면하고 있는 공산주의자로부터의 침략인 것입니다. 특히 공산주의자는 세계 적화의 요건으로써 레닌의 교훈대로 아세아의 적화, 그중에도 중국과 귀국 인도의 적화를 최대의 목표로 하여 기(旣)히 중국은 그의 수중에 넣고 말었읍니다. 만일에 이 당면한 공산 침략을 저지하고 타도하지 못한다면 천백 번 아세아를 기존 제국주의 잔재로부터 해방시킨다 하드래도 우리 앞에는 공산주의자에 의한 혹독한 노예의 비운만이 기대리고 있는 것입니다. … 공산

주의를 말살시키기 위하여는 공산주의 자체가 자본주의의 모순과 약소민족에 대한 제국주의적 착취에 대한 반대 속에서 이루어진 생성 과정을 상기할 때 오히려 아세아에 있어서 제국주의 잔재의 청소는 공산주의에 대항하는 가장 근본적인 과제인 것입니다.[4]

당시 김대중은 공산주의에 대해 매우 강한 경계심을 나타냈다. 특히 김대중은 아시아 지역에서 나타나는 공산주의 세력의 팽창을 크게 우려했다. 김대중은 식민지에서 해방된 아시아 여러 나라의 경우 제국주의 침탈에 대한 반감으로 공산주의가 침투할 가능성이 있다는 점을 지적했다. 김대중은 아시아 지역의 공산주의가 반제민족주의(反帝民族主義)에 기반해서 확산되고 있다는 사실을 정확히 이해하고 있었다. 중국의 공산화도 이와 같은 맥락에서 이루어졌다고 판단했다.

또한 김대중은 공산주의 세력과의 대화와 협상은 가능하지 않다고 판단하여 1954년 제네바 회의가 실패할 것이라고 예상했다. 정전 협정 4조 60항을 보면 '한반도로부터 외국군의 철수와 한반도 문제의 평화적 해결을 위한 고위 정치 회담을 휴전 조약이 효력을 발생한 뒤 3개월 내 개최할 것을 권고한다.'라고 되어 있다. 이와 관련해서 미국, 영국, 프랑스, 소련 등은 한반도 및 인도차이나 지역 문제 등을 협의하기 위해서 1954년 4월 26일부터 6월 14일까지 스위스

---

4 연세대학교 김대중도서관 편, 『김대중 전집 II 제1권』, 연세대학교 대학출판문화원, 2019, p. 12.

제네바에서 회의를 진행했다. 이 회담의 전망에 대해서 1954년 1월 1일 김대중은 다음과 같은 입장을 밝혔다.

> 특히 쏘련과 중공이 북한과의 경제 기타 유대 강화를 서두른 근일의 현상을 보드래도 적이 정치 회담의 성공에 관심이 전무하다는 것을 알 수 있는 것이다. 따라서 우리가 정치 회담에 어떠한 기대를 갖는다는 것은 결코 현명한 일은 못 될 것이다.[5]

당시 김대중은 공산주의 세력에 대한 강한 경계심을 갖고 있었으며, 공산주의 세력과의 타협이나 협상을 기대하지 않았다. 이와 같은 인식의 배경은 중국 본토가 공산화된 것과 관련 있다. 비록 중국이 저발전된 상태였지만 영토의 크기, 인구 규모 등을 볼 때 전체적인 국력은 상당했기 때문이다. 그래서 소련, 중국, 북한으로 이어지는 공산주의 진영의 북방 3각 연대는 1950년 한국 전쟁에서 보듯 한국의 안보에 치명적인 위협이었으며, 공산주의 팽창을 억제하려는 미국에게도 큰 부담이었다. 이와 같은 배경에서 미국이 일본을 중시하게 되었다고 김대중은 판단했다. 김대중은 1955년 5월 29일 다음과 같은 내용을 썼다.

> 아세아에서 공산주의와의 대결, 특히 중국 본토가 공산화됨에 따른 중대한 힘의 불균형을 바로잡기 위해서는 또다시 일본의 방대

---

5 위의 책, p. 34.

> 한 인적 자원과 아주 유일의 현대적 생산의 동원이 절실히 필요하다고 결론되었기 때문인 것이다. 뿐만 아니라 공산 진영이 갖은 방법으로 일본을 유인하려고 하는데 당황 초조하지 않을 수 없으며 여하한 일이 있더라도 일본을 자유 진영에서는 강력한 반공 국가로 하여야겠다는 결의가 미국으로 하여금 그와 같은 상상 외의 대일 후대를 하게 된 것이다.[6]

이와 같은 상황에서 김대중은 국제적인 반공 연대를 위해서 한일 국교 정상화가 원칙적으로 필요하다고 생각했다. 김대중은 1955년 5월 29일 이렇게 말했다.

> 해방 이후에 악독한 공산주의의 위협과 침략에 직면하고 보니 우리는 일본이 진실로 개과천선해서 선량와 인방과 강력한 아주(亞洲) 반공 동맹의 일익이 되어 주기를 충심으로 기원해서 마지않았던 것이다. … 세계적인 대공 투쟁의 중대 시기에 있어서 좋건 궂건 결국은 공동 운명선상에 있는 일본에 대해서 너무 감정과 우선의 사리에만 사로잡힌 주장을 고집한다는 것도 또한 극히 삼가야 할 문제인 것[7]

당시 일본에 대한 분노와 경계심에 기초한 반일민족주의는 매우

---

**6** 위의 책, p. 55.

**7** 위의 책, pp. 57-58.

강력했다. 반공과 반일, 이 두 가지는 당시 한국의 국가 정체성의 기반이라고 할 수 있을 정도로 국민적 동의가 강력했다. 그렇다 보니 아무리 미국이 주도하는 반공 국제 연대 차원이라고 해도 일본과의 관계 정상화는 한국 국민의 입장에서는 쉽게 받아들이기 힘든 사안이었다. 그럼에도 불구하고 김대중이 일본과의 관계 정상화 필요성에 동의한 이유는 중국이 공산화된 것과 관련이 크다. 북한이 남침을 결정하게 된 중요 이유 중의 하나가 중국의 공산화였던 것처럼, 중국의 공산화는 동아시아 지역 공산주의 세력의 발흥에 중요한 기반이 되었기 때문이다. 이처럼 1950년대부터 김대중은 동아시아 지역 냉전에서 중국 변수를 크게 인식하고 있었으며, 그에 기초한 외교 구상과 전략을 세웠다.

### 나. 1960년대 초중반

첨예한 대립을 보였던 국제 냉전은 1950년대 말부터 조금씩 변화의 조짐을 보이기 시작했다. 평화 공존을 내세운 소련의 흐루쇼프가 1959년 9월에 미국을 방문하면서 미국과 소련의 극단적인 갈등이 완화될 조짐을 보이기 시작했다. 그리고 1960년 9월에 개최된 15차 유엔 총회에서 아프리카 지역에서 새롭게 독립한 16개국이 회원국으로 가입하는 등, 제3 세계 국가들의 국제적인 목소리가 강화되고 있었다. 미소 양극 체제에 기반한 국제 냉전 구도가 변화하여 긴장과 대립이 이완될 수 있는 가능성이 생기기 시작했다.

김대중은 이러한 국제적인 흐름을 파악하면서 1961년 2월 18일,

'중공의 유엔 가입이 세계의 대세'가 되고 있다고 진단하면서, 그에 맞는 외교 및 통일 전략을 세워야 한다고 주장했다.[8] 김대중의 이 언급은 매우 의미가 크다. 이는 미국이 중화인민공화국을 사실상 인정하는 것을 전제한다는 점에서 당시로서는 매우 파격적이고, 앞선 인식이었다. 당시 한국은 대만, 즉 중화민국과 국교를 맺고 있었고 중국 대륙을 통치하는 중화인민공화국을 인정하지 않아서 정식 국호 대신 중공(中共)이라고 표현했으며, 대만의 중화민국을 자유중국이라고 호칭했었다. 이러한 한국의 대중국 외교 기조는 동아시아 지역에서 중화인민공화국을 봉쇄하고 억제하려는 미국의 외교 전략과 궤를 같이 했다. 그런 상황이었기 때문에 위와 같은 김대중의 대중국 인식은 대단히 파격적이었으며, 시대를 앞선 것이었다.

그렇다고 해서 당시 김대중이 중국을 우호적으로 인식한 것은 아니다. 오히려 그 시기 중국에 대한 김대중의 경계심은 더욱 강화되었다고 볼 수 있다. 당시 김대중은 중국이 팽창주의적 속성을 갖고 있다고 판단했으며, 이것이 북한에도 영향을 주어 한반도 정세에 불안 요인이 된다고 인식했다. 김대중은 1964년 2월 1일 이렇게 말했다.

> 이북 공산당이 흐루쇼프의 평화공존론에 반대하고 침략적이고 호전적인 중공의 노선에 완전 추종을 표명한 오늘 우리의 안전 보장은 국제적 해빙 경향과는 정반대로 더한층의 위협을 받고 있는

8 『조선일보』, 1961년 2월 18일.

것을 부인할 수 없다.[9]

이 글을 보면 김대중이 동북아 지역 냉전에서 중국 변수를 독립적으로 인식했음을 알 수 있다. 1950년대 말부터 불거진 중소 갈등으로 인하여 동북아 지역 정세에 있어 중국 변수가 좀 더 독자적인 영향을 줄 수 있게 되었고, 이것으로 인하여 미소 해빙의 영향력이 동북아 지역에서 제한적일 것으로 파악한 것이다. 그리고 더 나아가서 소련과 대립하는 중국이 더 경직된 태도로 나올 것을 우려했다. 이처럼 동북아 지역 냉전에서 중국 변수의 독자적인 영향력을 중요하게 인식했던 김대중은 중국과 유럽 국가들 사이의 관계 정상화에도 주목했다. 김대중은 1964년 2월 3일 이렇게 말했다.

> 국제적으로는 불란서가 중공을 승인함으로써 지금 중공은 의기충천하고 … 미소가 해빙이 되어 가고 있다고 그러지만 소련의 그런 정책에 대해서 반대적인 방향으로 나가고 있는 중공 … 국지적인 침략이 가능하고 국지적으로 공산화시킬 수 있다는 이런 주장을 가지고 있는 중공은 … 우리는 이 공산 침략의 위협은 북쪽으로부터 우리에 대한 압력은 미소의 해빙 경향과의 정반대로 더욱 가중되고 있고, 불란서의 중공 승인으로서 더한층 이것이 악화되고 있는 것은 사실입니다.[10]

---

9 연세대학교 김대중도서관 편, 『김대중 전집 II 제2권』, 연세대학교 대학출판문화원, 2019, p. 70.

10 위의 책, pp. 84-85.

프랑스와 중국은 1964년 1월 27일 국교 정상화를 발표했는데, 이는 미국의 반대에도 불구하고 프랑스의 드골 대통령이 추진한 것이다.[11] 이처럼 김대중은 중국의 국제적인 위상이 향상되는 것을 경계했다. 이러한 상황에서 중국은 1964년 10월 16일 핵 실험에 성공하여 핵무장을 하게 되었다. 중국의 핵무장은 미국, 소련, 영국, 프랑스 다음으로 이루어진 것으로서 국제 사회에 엄청난 충격을 주었다. 특히 당시 중국과 적대 관계에 있던 한국의 입장에서는 대단히 충격적인 사건이었다. 이에 대해서 김대중은 1964년 10월 26일 이렇게 말했다.

> 핵폭발을 한 것은 오늘날 세계 강대국가로서 뚜렷한 자격과 권리를 얻게 된 증거가 되는 것이고, 또한 이것을 공산주의자들은 선전하기를 중국 대륙과 같은 후진국에서 불과 20년 동안에 핵폭발을 일으킬 수 있는 강대한 국가로 건설했다는 것은 공산주의의 우월성을 과시한 것이라고 세계에 선전할 수 있을 것이고, 또 틀림없이 그렇게 하고 있는 것입니다. 여기에 있어서 아시아 · 아프리카 후진국가들은 과거에도 많은 매력을 느꼈지만 이번 중공의 핵폭발로써 더한층 인력(引力)을 느낄 것은 또한 우리가 상상할 수 있는 일입니다. 물론 북한에서 지금 기고만장해 가지고 환영대회를 하고 있고, 또 북한의 중공에 대한 경향은 더한층 심해질 것이 예견되는 것입니다. 물론 중공의 핵폭발에 자극을 받아 가지고 인

11 『동아일보』, 1964년 1월 28일.

도는 더한층 국방을 강화할 것이고, 일본은 헌법을 개정해서 완전한 재군비 방향으로 나갈 것도 예견이 됩니다.[12]

김대중은 중국의 핵무장이 초래할 국제적인 파장에 대해서 크게 우려했다. 그는 공산주의 국가들의 호전성이 강화될 뿐만 아니라, 일본을 자극하여 일본의 재무장까지 초래할 수 있는 중대한 사안으로 판단했다. 일본이 과거 침략 전쟁에 대한 사죄와 반성을 제대로 하지 않고 있는 상황에서 재무장을 하게 되면 공산주의 세력의 팽창과 함께 한반도를 포함한 동북아시아의 평화를 뒤흔들 수 있다는 점을 크게 우려한 것이다. 그뿐만 아니라 김대중은 중국이 한국의 내정불안의 요인으로 작용할 수 있다고 판단했다. 1966년 7월 1일 김대중은 이렇게 말했다.

우리 야당이 판단하는 것으로서는 농촌이 도시보다도 반정부적인 기운이 훨씬 강하다고 보고 있습니다. 현재 농민의 이 파멸 상태는 우리가 볼 때는 모택동이가 말하는 소위 아시아에 있어서 농민혁명이론, 이러한 농민혁명이론을 적용할 수 있는 가장 호기의 그러한 상황을 조성해 주고 있지 않느냐, 이렇게 우려하고 있습니다.[13]

---

12 연세대학교 김대중도서관 편, 『김대중 전집 II 제3권』, 연세대학교 대학출판문화원, 2019, pp. 78-79.

13 연세대학교 김대중도서관 편, 『김대중 전집 II 제4권』, 연세대학교 대학출판문화원, 2019, p. 46.

김대중은 박정희 정권의 저곡가 정책이 농촌의 피폐화, 농민의 궁핍화를 초래해서 사회 불안 요인이 된다고 인식했다. 이와 같은 열악한 농촌 현실을 배경으로 마오쩌뚱의 농민혁명이론을 추종하는 세력이 자생적으로 발생할 가능성을 김대중은 우려했다. 이처럼 중국에 대한 김대중의 우려와 경계는 전방위적이었다.

이와 같은 상황에 대응하기 위해서 김대중은 외교, 국방, 내정 등 주요 분야에서 대안을 제시했다. 먼저 외교 분야를 보면 김대중은 일본과의 국교 정상화뿐만 아니라 동남아 지역의 자유 민주주의 국가들과의 연합 등, 국제적인 차원의 대응이 필요하다는 입장을 밝혔다. 김대중은 1965년 3월 2일 이렇게 말했다.

> 아시아의 자유 국가가 하나하나 마치 베트남 꼴로, 라오스 모양으로 혹은 스스로 굴복해 들어가는 버마나 캄보디아 모양으로 중공의 영향권으로 들어가지 않게 하려면, 우리가 한일 국교를 정상화를 할 뿐만 아니라 나아가서는 중부 이남의 아시아 제국이 손을 잡아 가지고 강력한 자유 · 민주 연합 기구를 만들어서 우리의 자유를 지키고 경제적 공동 번영을 가져와 가지고 중부 이북의 중공권과 대항해야겠다는 것을 생각하게 됩니다.[14]

김대중은 중국과 북한 등 공산주의 세력의 팽창에 맞서 한일 관계

---

14 연세대학교 김대중도서관 편, 『김대중 전집 II 제3권』, 연세대학교 대학출판문화원, 2019, p. 439.

정상화와 동남아 지역까지 포괄하는 지역 협력이 필요하다고 판단했다. 이는 반공과 자유 민주주의를 두 축으로 한 국제 연대를 뜻하는 것으로서, 외형적으로만 본다면 박정희 정권의 주도로 결성된 아시아태평양이사회(ASPAC)와 유사하다. 이와 같은 외교 분야 정책을 제시한 김대중은 중국에 대응하여 군사력 강화를 주장했다. 1967년 12월 17일 김대중은 이렇게 말했다.

> 지금 중공이 핵 개발이 상당히 발전되고 있고 이미 중공에서 미사일이 실천 단계에 들어갈 정도로 되어 가고, 이 중공의 핵 개발이라는 것이 급속도로 진전되고 있다 이렇게 되어 있습니다. 그러면 우리 한국은 중공의 그 핵 위협하에서 그 미사일의 공격 지점하에 들어가기에 충분한, 그러한 거리하에 놓여 있습니다. … 중공의 침략 능력이 강화되어 가고 있는 이러한 마당에 우리는 마땅히 우리의 육해공군의 전력이 증강되어야 될 것입니다.[15]

김대중은 북한뿐만 아니라 중국의 군사적 위협에도 대응한다는 차원에서 국방력을 강화해야 한다고 주장했다. 당시 한국의 국방은 현실적으로 북한의 군사적 위협에 대한 방어 및 대응에 초점이 맞춰져 있었다고 볼 수 있다. 한국의 경제력을 고려하면 중국까지 감안한 군사적 대응 능력을 갖추는 것은 쉬운 일이 아니었다. 그만큼 김대중

---

15 연세대학교 김대중도서관 편, 『김대중 전집 II 제5권』, 연세대학교 대학출판문화원, 2019, pp. 91-92.

이 당시 중국의 위협을 매우 강하게, 또 현실적으로 느끼고 있었다고 볼 수 있다.

내정 분야에 있어서 김대중은 대중경제론을 제시했다. 대중경제론은 도농(都農) 간, 지역 간, 계급 간 불균형, 불평등을 완화하면서 산업화를 이루고자 하는 김대중의 경제 철학이 반영된 경제 발전 정책이다. 이 정책의 출발점은 농촌과 농민 문제에 있었다. 산업화 과정에서 발생한 농촌의 피폐화, 농민의 궁핍화는 급격한 이촌향도와 저임금 문제와 연관되어 있었다. 농촌의 농민과 도시의 노동자가 빈민이 되는 상황은 마오쩌뚱의 농민혁명이론의 배경이 될 수 있다는 점을 김대중은 크게 경계했다. 그래서 김대중은 대중경제론에 기반한 경제 개발 정책을 추진해야만 정치 사회적 안정을 이루면서 산업화에 성공할 수 있다고 판단했다. 이처럼 내정 분야의 개혁에 있어서도 김대중은 중국 변수를 고려했다.

전체적으로 살펴보면 한국 전쟁 이후 1960년대 중반까지 중국에 대한 김대중의 기본 인식은 강한 우려와 경계심이었다. 특히 이것은 중국이 군사, 외교적인 영향력을 강화한 1960년대 중반에 절정에 이른다. 중국에 대한 경계심만 놓고 본다면 김대중의 입장은 보수 진영의 시각과 다를 바가 없을 정도였다. 그러나 보수 진영과는 분명 다른 점이 있었다. 그것은, 김대중은 중국을 객관적으로 이해하고 있었다는 사실이다.

이념과 감정이 과잉되면 객관적 이해를 긍정적 이해로 간주하면서 이를 금기시하는 경향이 나타난다. 특정 현상에는 다양한 모습과 속성이 공존하고 병립하기 마련인데, 사실에 대한 분석과 이해보다 가치 평가가 압도하게 되면 이를 뒷받침하는 요소가 과도하게 강조되고 그렇지 않은 요소는 배제된다. 그렇게 되면 객관성을 담보할 수 없다. 반공주의가 절대화된 시대가 그랬다. 사실을 객관적이고 종합적으로 이해하면서 공산주의를 비판하고 반대하는 것이 더욱 효과적일 수 있다. 김대중은 그러한 입장이었다. 김대중은 중국을 매우 경계하고 부정적으로 평가함과 동시에 중국의 실체, 중국의 영향력을 객관적으로 진단하고 있었다. 그런데 한국의 권위주의 정권은 반공주의를 절대시하는 가치 평가를 강조했기 때문에 김대중처럼 중국에 대한 객관적 진단을 하기보다는 중국에 대한 비난과 반대에만 치중하게 된 것이다. 이것은 북한에 대한 시각에서도 동일한 양상으로 나타난다.

이시기 김대중의 대중국 인식을 보면 김대중의 기본적인 가치관과 외교관을 파악할 수 있다. 김대중은 자유 민주주의에 대한 확고한 신념을 갖고 있는 것과 동시에 냉철한 현실주의적 시각을 갖고 있었다. 이는 김대중 외교 정책 기조의 본질이기도 했다. 또한 이와 같은 인식을 하고 있었기 때문에 1960년대 후반부터 이어지는 동북아 정세의 격변에 김대중이 능동적으로, 창조적으로, 객관적으로, 현실적으로 대응할 수 있었던 것이다.

### 다. 1960년대 후반과 닉슨 독트린 이후 변화

중국에 대한 강한 경계와 위기의식에 기반한 김대중의 대중 인식은 1960년대 후반부터 크게 변하기 시작한다. 김대중은 아래에서 설명할 일련의 일들을 경험하게 되면서 미국의 대중국 정책 전환의 흐름을 파악하게 되고, 그에 대한 한국의 대응 전략을 고민하게 된다. 이러한 과정을 거치면서 김대중 대중 외교 노선의 패러다임적 전환이 이루어진다.

먼저 김대중은 1966년 2월 21일 미국 국무부 초청으로 출국해서 미국과 유럽 등을 거쳐 5월 27일 귀국했다. 이때 김대중은 미국의 대중국 정책 기조에 미묘한 변화의 흐름을 포착하게 된다. 김대중은 미국의 대중국 정책 기조가 봉쇄에 있다는 것을 확인하면서도, 그와 동시에 미국 내부에서 중국과의 기초적인 교류의 필요성이 제기되고 있는 사실을 알게 된다.[16] 그리고 1968년 푸에블로호 사건을 처리하는 과정에서 보여 준 미국의 태도는 김대중의 대중국 인식에 간접적으로 영향을 주었다. 당시 김대중은 북한과 협상하는 과정에서 보여 준 미국의 태도에 큰 충격을 받아서 배신감을 토로하기도 했다.[17] 이때 김대중은 미국이 자국의 이익을 위해서 북한처럼 적대 관계에 있는 국가와도 협상을 하고, 더 나아가 새로운 관계 개선을 모색할 수도 있다고 판단한 것으로 보인다.

이러한 상황에서 1969년 발표된 닉슨 독트린은 김대중의 대중국 인식 변화에 결정적 계기가 된다. 우선 닉슨 독트린 발표 직후 김대

---

16 연세대학교 김대중도서관 편, 『김대중 전집 II 제4권』, 연세대학교 대학출판문화원, 2019, p. 52.

17 연세대학교 김대중도서관 편, 『김대중 전집 II 제5권』, 연세대학교 대학출판문화원, 2019, pp. 158-182.

중의 반응은 조심스러웠다. 당시 국회의원이던 김대중이 1970년 3월 27일 닉슨 대통령에게 보낸 편지에는 다음과 같은 내용이 있다.

> 특정 아시아국들에 대한 탈미국화 정책을 서둘러 경솔하게 실행하는 것은 중공에게만 이득이 되고 중공이 준비하고 있는 팽창정책을 강화시켜 줄 뿐이다. 자유 진영의 아시아인들은 탈미국화가 형성되어 온 과정에 대해서는 충분히 이해하는 바이지만, 이 정책의 실행은 이들에게 지나치게 즉각적인 영향을 줄 우려가 있다. 왜냐하면 한반도에서 3년간의 전쟁이 치러졌고, 베트남과 라오스에서 지금 공산주의자들과의 격렬한 전쟁이 벌어지고 있기 때문이다. 탈미국화 정책이 성공하려면 반드시 이를 서서히 착수해야 하고, 정책 플랜의 형태와 속도는 나라마다 달라야 한다.[18]

김대중은 미국의 성급한 후퇴가 중국의 팽창을 유도할 수 있기 때문에 미국이 신중하게 접근해야 한다는 점을 강조했다. 이처럼 닉슨 독트린 발표 이후 초기 김대중의 반응은 신중했다. 그런데 점차적으로 김대중은 동아시아 지역에서의 미국의 정책 변화가 이 지역의 새로운 질서 창출로 이어질 수 있다고 판단하게 되었다. 그래서 김대중은 기존의 동북아 지역 국제 냉전 구조 속에서 형성된 외교, 안보 노선의 전면적 전환을 모색하게 된다. 이러한 배경에서 나온 것이 바로

---

18 연세대학교 김대중도서관 편, 『김대중 전집 II 제6권』, 연세대학교 대학출판문화원, 2019, p. 260.

4대국 안전보장론이다.

1970년 10월 16일 김대중은 "미·소·일·중공 등 4대 국가에 대해서 한반도에서의 전쟁 억제를 공동으로 보장하도록 요구할 것입니다."[19]라고 했으며, 1971년 3월 24일에는 "중공, 소련 등 대륙 국가와의 무장 평화와 미국, 일본 등 대양 국가와의 동맹적 협조 관계 유지"[20]를 제시했다. 이는 한국과 한반도의 평화와 안정을 위해서 중국과 외교 협상을 하고, 중국을 포함한 국제적인 논의 구조를 만들자는 구상이다. 이는 중국의 공세적 팽창에 맞서 외교, 국방, 내정 등 전방위적인 방어가 필요하다고 한 1960년대 중반의 인식과 크게 달라진 것이다. 특히 당시 한국은 소련, 중국과 국교를 맺지 않았으며, 이들 국가는 북한과 함께 한국의 안보를 위협하는 적대 국가로 간주되었다. 그래서 당시 김대중의 구상은 대단히 혁신적이었으며, 그만큼 위험한 주장으로 받아들여졌다. 그러면 이와 같은 혁명적인 인식의 변화가 나타난 이유는 무엇일까? 이는 김대중의 대중국 인식 변화와 관련이 크다. 김대중은 1971년 6월 2일 이렇게 말했다.

> 외교 정책과 자세에 대한 전환이 필요하다. 지금 국제 정세는 하루가 10년 같은 변화를 보이고 있다. 공산주의를 근본적으로 제거하려던 50년대의 덜레스적인 전면 격리의 반공의 시대에서 60년대의 미소 공존과 중공 봉쇄의 부분 격리 반공을 거쳐서 이제

19 위의 책, p. 361.

20 위의 책, p. 453.

> 70년대는 중공과도 공존의 시대로 접어들고 있다. 즉 공산주의와의 투쟁은 단절의 강을 긋고 대변 없는 싸움에 열을 올리느니보다는 직접적인 접촉 속에서 자유의 장점을 십분 발휘하는 것이 더욱 효과적이라는 점을 깨닫게 된 것이다. 일방 아시아에 있어서의 평화는 중공을 포함한 미·일·소·중의 4대국의 협조 속에서만 이룰 수 있다는 것도 닉슨 대통령이나 일본 정부 당국자가 이제는 공언하게 되었다.[21]

김대중은 1960년대 중반 유럽에서 나타난 데탕트와 닉슨 독트린 이후 미국의 동아시아 지역 정책 변화의 성격을 면밀하게 파악한 후에 동북아 지역에서도 상호 인정에 기반한 평화 공존의 시대가 도래할 가능성에 주목했다. 다만, 조건이 마련된다고 해도 이것을 현실에서 구현하기 위해서는 정치적인 기획이 필요한데, 이와 같은 맥락에서 김대중은 4대국 안전보장론을 제시한 것이다.

4대국 안전보장론은 두 가지 측면에서 의미가 크다. 먼저 중요하게 살펴봐야 할 점은 중국과 일본이 포함되어 있다는 사실이다. 흔히 냉전 시대라고 하면 미소 냉전을 의미하는데, 동북아 지역에서는 중국과 일본도 이 지역 질서 형성에 큰 영향을 주었다. 김대중은 이러한 사실을 고려했다. 이는 유럽과 달리 이 지역에서는 지역 냉전의 한 축인 미국과 중국이 전쟁을 했고, 일본의 과거사 문제가 독일과 달리 제대로 해결되지 않았다는 점 등과 관련되어 있다. 이처럼 4대

---

21 위의 책, p. 518.

국 안전보장론은 동북아 지역 냉전의 특성을 반영하고 있다는 점에서 의미가 있다.

또한 4대국 안전보장론은 동북아 지역의 국제적인 역학 관계가 변동하는 과정에서 한반도가 또 다른 피해를 당하지 않아야 한다는 김대중의 입장과도 관련이 있다. 김대중은 한반도가 대륙 세력과 해양 세력이 부딪치는 지정학적인 특성을 갖고 있기 때문에 동북아 지역의 국제적인 역학 관계가 변할 때 한반도가 갈등의 진원지이자 대립의 장이 될 수 있는 가능성을 크게 우려했다. 그래서 김대중은 동북아 지역 정세의 격변 속에서 한반도가 피해를 받지 않고 오히려 지역 평화 체제 수립의 기회로 삼기 위해서 4대국 안전보장론을 제시한 것이다.

### 2) 미중 화해와 미중 협력 관계의 시작

#### 가. 1972년 닉슨 대통령의 방중과 미중 정상 회담

미국 닉슨 대통령의 안보 담당 특별 보좌관 키신저는 특사 자격으로 1971년 7월에 중국을 방문하여 저우언라이 총리와 회담을 했다. 역사적인 미중 화해가 시작된 것이다. 그 이후 1972년 2월에는 미국의 닉슨 대통령이 중국을 방문하며 중국 최고지도자인 마오쩌둥과 정상 회담을 했다. 이는 미중 화해, 미중 관계 개선의 시작을 알리는 역사적인 사건으로서, 전 세계에 엄청난 파장을 불러왔다. 특히 한반도 및 동북아시아 질서에 매우 큰 영향을 줄 수 있는 사안이기 때문에 김대중은 사태 추이를 예의 주시했다. 이와 관련해서 김대중은 1972년 2월 27일 이렇게 말했다.

> 공산주의와 민주주의가 다르다고 하더라도, 공산주의와 민주주의 간에 서로 만나고 대화를 해야만 평화가 지켜질 수 있습니다. 어떤 차이가 있더라도 흑과 검으로 결판내는 것이 아니라 대화와 타협으로 해결해야 합니다. 이것이 바로 지금 세계 인류의 사상이기도 하지요. 서로 간의 차이를 인정한 후 평화를 달성하는 것, 모두 이런 생각을 품고 있는 것입니다. 이런 인류의 바람과 이것이 추동하는 역사적 흐름은 닉슨과 모택동마저도 비껴 나갈 수 없으며, 또한 그것에 따르는 것이 지도자의 길이기 때문에 그들은 만난 것입니다. … 이번 중공과 미국의 접촉은 지금까지 아시아가 중국과 미국 두 나라로 갈려 싸워 왔던 대립적인 관계를 붕괴시킨다는 커다란 의미가 있습니다. … 냉전의 역사가 기본적으로 전환되고 있고, 특히 아시아에 거대한 변화가 올 것이라는 것. 이것만큼은 누구도 부정할 수 없을 것입니다.[22]

이념에 따른 극단적인 이분법과 선악관으로 상대 진영을 배척하고 적대시하는 것이 냉전 시기 통용되었던 가치였다. 그런데 김대중은 이것이 근본적으로 변하고 있어 상대를 인정하고 대화와 타협을 통해서 평화 공존을 추구하는 시대가 도래하고 있다고 판단했다. 특히 김

---

22 위의 책, pp. 570-571.

대중은 미중 정상 회담을 통해서 아시아 지역에서 거대한 변화가 나타날 것이라고 평가했다. 냉전 시기 미국과 소련은 쿠바 사태에서 보듯 일촉즉발의 위기 상황이 발생한 적은 있지만, 두 국가 사이의 전쟁은 없었다. 그런데 미국과 중국은 한국 전쟁 당시 3년여 동안 전쟁을 했기 때문에 두 국가의 화해와 관계 개선의 영향력은 클 수 밖에 없었다. 이러한 거대한 변화에 맞춰서 김대중은 중국과의 관계 정상화 필요성을 강조하기 시작했다. 1972년 3월 11일 김대중은 이렇게 말했다.

> 우리가 중공하고 그동안 적대시했어. … 지금은 세계가 바꾸어졌어. … 우리 혼자 남아가지고 소련도 중공도 적, 미국하고 일본하고는 멀리 멀어지고, 우리 혼자 태평양 가운데에서 혼자 악쓰고 떠드는 것 같은 그러한 정책을 해 가지고는 안 된다 이거예요.[23]

미국의 대중 정책에 조응해서 한국의 대중 정책도 변화해야 한다는 주장이었다. 그러면서 김대중은 미국이 북한에 대해서도 중국과 같은 접근을 할 필요가 있다는 의견을 제시했다. 김대중은 1973년 4월 25일 이렇게 말했다.

> 미국은 아시아 각국이 중국 등 공산 국가와의 외교 통상 관계를 형성할 수 있도록 협조하는 것이 필요합니다. 북한의 국제 무대 진출을 받아들인다는 것은 큰 안목으로 볼 때 현명한 결과를 가져

---

**23** 위의 책, p. 605.

올 것으로 믿습니다.[24]

이 당시 김대중의 국제 정세 인식은 두 가지 측면에서 혁신적이고 진취적이었다. 그리고 이것은 당시 박정희 정권이 보여 준 모습과 크게 달랐다. 첫째, 김대중은 미중 화해를 위기가 아닌 기회로 인식했다는 점이다. 박정희 정권은 당시 국제 정세 변화를 국가 안보의 심각한 위기로 인식했었기 때문에 그 차이가 두드러지게 나타난다. 둘째, 김대중은 공산주의 체제에 비해서 자유 민주주의 체제가 우월하다고 판단하고, 접촉을 통해서 공산주의 체제를 변화시킬 수 있다고 판단했다는 사실이다. 1972년 6월 6일 김대중은 이렇게 말했다.

공산주의라는 것도 결국 서로 부딪치고 특히 자유세계와의 접촉을 통해서 자유의 바람이 들어가면 크게 변화되는 것이다. 그런데 공산당으로서 그것을 안 할 수 없는 것이, 자유를 억압하고 언제까지나 그대로 끌고 가면 지금 중공이나 북한같이 초기 단계의 농업 경제 같으면 가능하지만, 고도의 기술을 발휘하는 이 기술경제의 단계로 들어가면 자유를 억압해 가지고는 기술의 창달이 없다 이거예요. 그렇기 때문에 공산당도 억압을 못하는 거여.[25]

---

24 연세대학교 김대중도서관 편, 『김대중 전집 II 제7권』, 연세대학교 대학출판문화원, 2019, pp. 179-180.

25 연세대학교 김대중도서관 편, 『김대중 전집 II 제6권』, 연세대학교 대학출판문화원, 2019, p. 653.

접촉을 통한 변화, 이것은 김대중이 대통령이 된 후 추진한 햇볕정책의 기본 기조였다. 이와 같은 인식과 전략은 1972년 미중 화해 이후 조성된 국제 정세에 대한 분석을 통해서 나온 것이다. 김대중은 자유 민주주의 체제에 대한 확고한 자신감을 갖고 있었기 때문에 위와 같은 판단을 했다. 당시 사회 전반적으로 공산주의에 대한 공포심은 매우 강했고, 박정희 정권은 이와 같은 상황을 이용하여 반공주의를 내세우며 독재 정치를 강화하고 있었다. 그러한 상황에 비추어 볼 때, 김대중의 인식은 매우 혁신적이었다.

그리고 김대중은 동북아 지역의 격변 속에서 이 지역의 평화 체제 구축을 위한 논의를 발전시켰다. 당시 미국은 동아시아 지역 정책 변화와 관련해서 중국과의 관계 개선과 함께 주한 미군의 감축도 시도했다. 김대중은 미중 화해에 대해서는 찬성했지만, 주한 미군 철수는 반대했다. 주한 미군은 한미상호방위조약에 근거해서 북한의 침략에 맞서기 위해 주둔하고 있었다. 김대중은 주한 미군이 북한에 대한 방어와 함께, 동북아 지역 안정에 잠재적 불안 요인인 중일 갈등을 억제하기 위한 목적에서 필요하다는 입장을 밝혔다. 그러면서 미국의 후퇴 및 철수가 일본의 재무장으로 이어질 경우, 중국과 북한이 크게 반발하여 동북아 지역의 또 다른 분쟁 요인이 된다고 강조했다. 김대중은 1972년 11월에 쓴 글에서 다음과 같은 입장을 밝혔다.

> 북한과 중화인민공화국은 여전히 주한 미군의 철수를 선호하고 있다. 그러나 아시아에서, 특히 한국에서 미군이 철수하면 일본이

재무장에 나설 뿐만 아니라 군국주의로 회귀할 것이라는 전망은 이들 공산 국가들에게도 크나큰 우려의 원천이다. 이는 곧 이들 공산국들이 미군 철수에 대해 다시금 생각하게 만들 것이다. 주한 미군은 북한의 또 다른 남침을 예방하기 위해 존재했다. 하지만 이러한 단순한 이유를 넘어 오늘날 아시아의 새로운 정치적 환경의 변화는 미국 국민들로 하여금 전체 아시아 정책에 대한 완전한 재평가를 요구하고 있다.[26]

김대중이 주한 미군 철수를 반대한 이유 중 하나는 동북아 지역의 복합적인 갈등 구조를 고려했기 때문이다. 동북아 지역은 체제 이념에 따른 냉전적인 대립과 갈등 이외에도 과거 일본 제국주의 침략 전쟁에 의한 과거사 문제가 완전히 해결되지 않은 상태였다. 과거사 문제와 관련된 동북아 지역 국가들 사이의 잠재된 갈등은 언제 어떤 방식으로 폭발할지 모르는 상황이었고, 그 충돌은 지정학적으로 예민한 위치에 있는 한반도에서 발생할 가능성이 높았다. 김대중은 이와 같은 문제 발생을 막을 수 있는 국가가 미국이라고 판단했기 때문에 주한 미군이 지속적으로 주둔해야 한다고 주장했다.

### 나. 중국의 개혁 개방 선언과 미중 수교

마오쩌둥 이후 중국 최고지도자가 된 덩샤오핑이 1978년 개혁 개

26 연세대학교 김대중도서관 편, 『김대중 전집 II 제7권』, 연세대학교 대학출판문화원, 2019, p. 31.

방을 선언했다. 그리고 미국과 중국은 1979년 1월 1일 국교를 맺었다. 1972년 닉슨 미국 대통령의 방중을 통해서 시작된 미중 협력 관계가 본격화되었다. 김대중은 미중 화해 이후 중국을 적대시하고 대만을 중시하는 한국 정부의 기존 대중 외교 원칙에 대해서 비판적인 견해를 밝히기 시작했다. 1975년 8월 8일 아사히신문에 보도된 인터뷰에서 김대중은 "최근 여야 일각에서의 지나친 친대만적 행동은 결코 우리의 국익에도 도움이 되지 않는 것이라 생각된다."라고 말했다.[27] 이와 같은 입장을 갖고 있던 김대중은 미중 수교가 이루어지자 1979년 6월 카터 대통령 방한 전에 작성한 글에서 대만과의 단교와 한중 수교를 제안하고 중국 방문 의사를 밝혔다.

> 나는 지금 정부에 대하여 주변 정세에 대응하기 위하여 중화인민공화국과의 관계 개선을 준비하고, 우리의 국익을 지키기 위하여 대만과의 국교를 끊으라고 제안한다. 우리나라의 역사와 지정학적 위치에 비추어 중국과의 평화적 관계없이는 한반도의 평화를 기대할 수 없다. 나는 아시아의 평화와 한중 관계의 발전을 위하여 내가 직접 북경을 방문하여 중국 지도자들과 협의할 기회 있기를 희망하는 바이다.[28]

---

**27** 연세대학교 김대중도서관 편, 『김대중 전집 II 제8권』, 연세대학교 대학출판문화원, 2019, p. 174.

**28** 위의 책, p. 546.

1980년대까지 중국을 중공(中共)이라고 하면서 기존의 반중, 반공적 시각을 고수하던 한국의 현실에서 볼 때, 1979년 김대중의 인식은 매우 파격적이었다. 그런데 여기에서 더 나아가서 김대중은 아시아 태평양 시대라는 말을 쓰기 시작한다. 1984년 11월 4일 김대중은 이렇게 말했다.

> 세계는 지금 아시아의 시대로 들어오고 있습니다. 2차 대전으로서 유럽의 식민지 시대가 끝났기 때문에 여러분, 결국은 이제는 아시아 시대로 양보하고 있고 이미 미국도 작년부터는 아시아 태평양 지역과의 교역이 유럽과의 교역보다도 더 많습니다. … 문명비평가들은 21세기 가면 인도와 중국이 일본에 못지않은 경제로 등장할 거라고 합니다. 그러기 때문에 우리는 좋은 기회도 만났지만 강력한 도전자도 가지고 있습니다.[29]

이것은 중대한 의미가 있다. 김대중은 중국의 개혁 개방과 미중 수교를 통해서 태평양과 인접한 아시아 지역(동아시아)의 경제 교류가 본격화될 것이라고 보았다. 또한 중국이 미중 협력 속에서 경제 발전을 지속하여 2000년대에 가면 세계적인 강대국이 될 수 있을 것이라고 예상했다. 그리고 중국의 경제 발전 단계와 산업 구조 등을 고려할 때 향후에 한국과 경쟁 관계가 될 수도 있다는 점을 지적했다. 중

29 연세대학교 김대중도서관 편, 『김대중 전집 II 제11권』, 연세대학교 대학출판문화원, 2019, pp. 353-354.

국과 관련된 이 모든 예측은 당시로서는 매우 빠른 것이었는데, 나중에 그대로 현실이 되었다는 점에서 김대중의 판단은 매우 놀랍다고 할 수 있다. 선견지명이었다.

그리고 중요한 것은 김대중이 중국에 대한 대립과 적대를 전제로 한 기존의 지역 구상에서 벗어난 인식을 보여 주었다는 사실이다. 동아시아 전체를 놓고 보면 중국은 이 지역에서 인구와 면적의 대략 1/2 정도를 차지하고 있기 때문에, 중국을 배제한 동아시아 지역 구상은 나올 수 없었다. 이승만, 박정희, 1960년대 김대중까지 기존의 한국에서 나온 지역 구상은 중국을 중심으로 한 공산주의 국가들을 배제하고 봉쇄하는 자유 민주주의 국가 중심의 연합과 연대를 의미했다. 이러한 상황에서 미중 수교 이후인 1984년에 김대중은 '아시아 태평양' 지역 담론을 사용했는데, 이는 중국을 포함한 동아시아 공동체 구상의 맹아라고 평가할 수 있다. 이와 같은 인식이 이어져서 한중 수교 이전인 1991년 1월 25일 김대중은 이렇게 말했다.

> 지금 세계는 아시아 태평양 시대로 가고 있습니다. … 지금부터 약 10년 전부터는 세계는 바야흐로 아시아 태평양이 중심이 된 문명으로 왔습니다. 10년 전이 기점이 된다는 것은 대서양 문명의 중심이었던 미국의 태평양 쪽 교역량이 대서양 쪽을 능가하는 시점을 두고 말하는 것입니다.[30]

---

30 연세대학교 김대중도서관 편, 『김대중 전집 II 제14권』, 연세대학교 대학출판문화원, 2019, p. 705.

여기서 보듯 김대중이 사용한 아시아 태평양 지역 담론은 미중 관계 발전과 긴밀한 관련이 있으며, 이를 통해서 중국까지 포함한 지역 구상이 가능해진 것이다. 그리고 이와 같은 인식의 형성과 발전 과정에서 1990년대 초 동아시아 공동체 구상이 나오게 되었다.

## 3. 탈냉전과 한중 수교 이후: 김대중 대중 외교의 목표

1992년 8월 한중 수교를 통해서 한중 관계는 새로운 단계로 진입했다. 중국과의 본격적인 외교가 가능해지면서 중국의 영향력은 새로운 차원으로 발전했다. 그리고 그동안 담론과 구상으로 존재했던 김대중의 동북아 평화 체제, 동아시아 공동체 실현을 위한 외교의 공간이 열렸다. 이러한 상황에서 김대중은 대중 외교 활동을 적극적으로 전개했다.

### 1) 김대중이 인식한 중국의 외교 전략

#### 가. 중국의 패권적 속성을 고려한 김대중

중국이 개혁 개방을 선언하고 미국과 수교하게 되자 미중 관계는 장밋빛 전망으로 가득했다. 그때는 소련을 견제하고 대항하는 것이 미국의 주목적이었고, 중국의 국력이 미국에 비해서 현저히 약했기 때문에 중국을 위협적인 존재로 인식하지 않았다. 그런데 이때에도 김대중은 중국이 경제 발전에 성공하게 되면 미국, 소련과 같은 대국으로 성장할 수 있고, 그에 맞는 국가적 위상을 강조할 것이라고 예견했다. 김대중은 감옥에 있던 1982년 9월 23일에 미중 수교 이후 중국의 장래에 대한 자신의 생각을 다음과 같이 밝혔다.

> 중공의 근대화 목표는 20세기 말까지 경제적 선진 국가의 대열에 끼는 것이라 하지만 그들의 참 내심은 21세기에 가서 미국과 소련을 앞서 문자 그대로 중화대국이 되는 것일 것입니다. 이것은 중국의 역사와 중국 사람의 의식 구조에 비추어 능히 추측할 수 있는 말입니다.[31]

이때는 미중 수교가 이루어진 지 몇 년 지나지 않은 시점이었고, 김대중은 1980년 5월부터 수감되어 외부 세계의 정보를 자유롭게 얻지 못했다. 그런 상황 속에서도 김대중은 중화사상에 기반한 중국의 대국 지향적 속성을 간파하고 있었다. 당시는 중국 위협론이 제기되기 훨씬 전이다. 미국에서 중국 위협론이 나오게 된 것은 1989년 천안문 사태에서 보여 준 중국의 강압적이고 반인권적 조치, 1991년 미중 협력의 배경이었던 소련의 붕괴 등을 거치면서 나온 중국에 대한 전략적인 재평가와 관련이 있다. 특히 1996년 중국의 대만 위협 이후 중국 위협론은 급부상한다. 그렇게 볼 때 1982년 김대중의 예견은 매우 뛰어난 선견

---

31 연세대학교 김대중도서관 편, 『김대중 전집 II 제9권』, 연세대학교 대학출판문화원, 2019, p. 445.

지명이었다. 그뿐만 아니라 김대중은 중국의 군사력 강화를 우려했다. 1992년 10월 22일 김대중은 이렇게 말했다.

> 그 다음은 중국에 대해서 말씀드리겠습니다. 중국도 지금 급속도로 군사력을 증가시키고 있습니다. 그리고 러시아로부터도 많은 군사 장비 기술을 도입하고 있습니다. 중국이 이렇게 하는 목적은 두 가지인데 하나는 경제력에 상응한 군사력을 강화시킴으로써 세계 대국을 지향하는 중화사상에 의한 그런 면이 있고, 또 하나는 일본이 아시아를 제패하는 데 대응하는 면도 있는 것입니다.[32]

여기서 확인할 수 있는 것은, 김대중은 일본에 대한 비판과 견제를 많이 했지만 그렇다고 해서 중국을 옹호하지 않았다는 사실이다. 김대중은 동북아 지역의 강국인 중국과 일본 모두를 경계하고 있었다. 그래서 1990년대 들어서면서 경제적인 성과에 힘입어 군사력을 강화하고 있는 중국에 대해서 우려했고, 이에 대한 견제가 필요하다는 의견을 밝혔다. 1993년 10월 5일 중국이 핵 실험을 하자 김대중은 1993년 10월 10일(미국 시간) 스칼라피노 교수와의 대담에서 이렇게 말했다.

> 내 의견으로는 미국과 다른 서방 국가들이 중국의 핵 실험과 관련

32 연세대학교 김대중도서관 편, 『김대중 전집 II 제15권』, 연세대학교 대학출판문화원, 2019, pp. 632-633.

하여 비난 성명을 내야 한다. 우리는 중국뿐만 아니라 어떠한 국가라도 저지해야 한다. 필요하다면 UN에서 결의문을 채택해야 하며, 이것은 틀림없이 세계 여론의 지지를 받을 것이다.[33]

김대중은 동북아 평화 체제가 마련되지 않은 상황에서 지역의 평화와 안정을 훼손할 수 있는 위협 요인을 경계하고 있었으며, 여기에는 중국의 일련의 행동도 포함되었다. 특히 이때는 1차 북핵 위기가 발생하여 이 문제를 두고 미국과 북한 사이의 협상이 진행되던 시기였다는 사실도 주목해서 봐야 한다. 김대중은 북핵 문제 해결을 위해서는 미중 협력 관계가 필요한데, 위와 같은 중국의 행동은 국제적인 협력을 저해하여 궁극적으로 이 지역의 안정을 해칠 수 있다고 판단했다.

이처럼 김대중은 미국에서 중국 위협론이 본격적으로 제기되기 훨씬 전부터 중화사상에 근거한 중국의 대국지향적 속성을 정확하게 꿰뚫어 보고 있었다. 이것이 김대중이 한중 수교 이후 대중국 외교를 활발하게 전개한 배경이라고 할 수 있다. 중국이 긍정적인 역할을 할 수도 있지만 그만큼 부정적인 역할을 할 수도 있기 때문에, 미중 협력 관계가 지속되는 상황을 최대한 이용해서 한반도의 평화 통일과 동북아 평화 체제 수립을 이루어 내려고 했던 것이다.

33 연세대학교 김대중도서관 편, 『김대중 전집 II 제16권』, 연세대학교 대학출판문화원, 2019, p. 290.

### 나. 김대중이 인식한 한반도 문제에 대한 중국의 외교 기조

1992년 한중 수교는 1970년대 초부터 이어진 미중 관계 개선의 흐름 속에서 이루어졌으며, 1990년 한소 수교와 함께 노태우 정부 북방정책의 중대한 성과였다. 한국의 외교 지평을 넓히고 새로운 시장을 확보하여 경제적 도약을 할 수 있는 계기였다. 중국은 한국과의 국교정상화를 통해서 두 가지 효과를 노렸다고 볼 수 있다. 하나는 경제적인 관점에서 한국의 자본과 기술을 도입하여 경제 발전에 도움을 얻으려는 것이고, 다른 하나는 외교적인 관점에서 미국과 일본이 북한과 국교를 맺지 않은 상황에서 한국과의 수교를 통해 한반도 전역에 대한 자국의 영향력을 확대하려고 한 것이다. 이렇게 한중 수교가 이루어진 이후 1994년 11월 김대중은 처음 중국을 방문하여 중국의 주요 인사들을 만났다. 방중 이후 김대중은 중국이 한국을 중요하게 생각한다고 판단했으며, 그 이유에 대해서 다음과 같이 말했다.

> 중국은 한국을 상당히 중요하게 생각하고 있다. 그 이유는 다음과 같다. 첫째, 같은 중진국으로서 부담 없이 효과적인 경제적 파트너가 될 수 있다는 점에서, 둘째, 일본을 견제하는 데 공동 대응할 수 있는 입장에서, 셋째, 한국의 전략적 중요성 때문에, 즉 한국이 발해만에의 통로에 위치한다는 점에서, 넷째, 북한 견제 시 활용할 수 있는 카드라는 점 등에서 남한을 중요하게 생각하고 있다. 따라서 한중 관계는 단순히 경제 협력의 차원에서뿐만 아니라 정

> 치·안보적 차원에서도 상당한 의미를 갖게 될 것이다.[34]

김대중이 파악한, 중국이 한국을 중요시하는 이유는 다양했다. 경제적인 이유뿐만 아니라 외교 안보 차원에서도 중국에게 있어서 한국은 중요한 존재라고 파악했다. 그만큼 중국에게 있어 한국은 전략적 가치가 있는 국가라고, 김대중은 판단한 것이다. 이처럼 중국이 한국을 중요시함에도 김대중은 중국이 북한을 외면하거나 포기하는 일은 없을 것이라고 단언했다. 1993년 9월 16일 김대중은 이렇게 말했다.

> 중국은 현재와 같이 남북한이 갈라져서 북한이 미국과 서방 세계 그리고 일본 등이 압록강까지 올라오는 것을 막아주는 데 대해서 현재 유리한 상황입니다. 뿐만 아니라 남한에 미국이 존재함으로써 일본이 남한에 진출하는 것을 막아 주는 것도 중국으로서는 유리한 것입니다. 이런 상황에서 우리가 중국과 서로 양해와 협력도 없이 압록강까지 밀고 올라갈 경우 중국이 가만히 앉아 있겠느냐? 1949년 중국 공산 정권이 수립된 이후 불과 1년 후인 한국 전쟁 당시 우리가 압록강까지 진격했을 때 수백만 명을 희생하면서까지 중공군이 쳐내려온 것을 생각해 보면 알 수 있습니다.[35]

---

34 연세대학교 김대중도서관 편, 『김대중 전집 II 제17권』, 연세대학교 대학출판문화원, 2019, pp. 609-613.

35 연세대학교 김대중도서관 편, 『김대중 전집 II 제16권』, 연세대학교 대학출판문화원, 2019, pp. 218-219.

중국은 북한의 반발을 감수하면서 한국과 수교를 했다. 그래서 한중 수교 이후 북한과 중국의 관계는 크게 냉각되었다. 그럼에도 불구하고 미국이 북한까지 진출하는 상황을 중국은 절대 받아들이지 않을 것이라고 김대중은 판단했다. 특히 이것을 한국 전쟁 당시 중국의 참전 배경을 통해 설명함으로써 북중 관계의 역사적 맥락과 특수성을 강조했다. 또한 경제 발전에 전념하고 있는 중국의 입장에서는 한반도 정세의 안정이 필요했기 때문에 북한이 큰 혼란에 빠지는 상황을 방치하지 않을 것이라고 판단했다.

북중 관계에 대한 김대중의 진단은 북한 핵 문제에 대한 해법을 제시하는 데에도 큰 영향을 주었다. 김대중은 북핵 문제에 대응하는 중국의 원칙을 '북한 핵은 반대한다, 한반도에 군사적 긴장이 조성되는 것을 원하지 않는다, 북한의 혼란과 붕괴를 원하지 않는다' 등 3가지라고 보았다. 이와 같은 배경에서 김대중은 중국이 북한의 붕괴를 초래할 정도의 국제적인 제재와 압박을 수용하지 않을 것이라고 판단했다. 그래서 일괄타결을 통해서 북한을 중국과 같은 개혁 개방의 길로 유도하는 것이 필요하다고 판단했다.

## 2) 김대중의 대중 외교 전략

### 가. 한중 관계에 대한 김대중의 인식

김대중의 대중 외교 전략을 분석하기 위해서 한중 관계 발전에 관한 김대중의 기본 입장을 먼저 살펴보도록 하자. 김대중은 한중 관계의 발전이 한국의 경제와 안보 모두에 이익이 될 수 있다는 점에서 긍정적으로 보는 것과 동시에, 중국의 과도한 영향력 확대는 바람직하지 않다고 판단했다. 그래서 한중 관계의 심화 발전을 추구하면서도 주변 국가와의 관계도 고려한 전략적 균형이 필요하다는 입장이었다. 김대중의 대중국 외교를 보면 이와 같은 기조를 그대로 확인할 수 있다.

먼저 김대중은 대통령이 된 후 1998년 11월 11일부터 15일까지 중국을 방문하여 장쩌민 주석과 정상 회담을 했다. 이때 두 정상은 양국 관계를 '협력 동반자 관계'로 하기로 하는 등, 한중 관계 발전에 대한 의지를 보여 주었다. 김대중은 한중 관계의 심화 발전이 양국 모두의 이익에 부합한다고 판단했으며, 이에 11월 13일 베이징 내외신 기자 회견에서 이렇게 말했다.

> 1992년의 수교 후 우리의 양자 관계는 경제를 중심으로 꾸준히 발전했습니다. 저는 이번 방중 가운데 이러한 점을 감안해 한국과 중국의 협조적 관계를 정치, 경제, 안보, 문화와 인적 교류를 포함한 다양한 분야에서 한 단계 높이기 위해 노력했습니다. … 우리의 협력 관계는 정치, 경제, 문화, 인적 교류 등 모든 분야에서의 증가하는 양자 관계에 기여할 것이며 결과적으로 아태 지역의 개발과 안정 확보에 기여할 것입니다.[36]

---

36 연세대학교 김대중도서관 편, 『김대중 전집 II 제2권』, 연세대학교 대학출판문화원, 2019, pp. 168-169.

김대중은 경제 분야를 중심으로 해서 발전한 한중 관계가 안보 분야로까지 확장되고 있다고 평가했다. 이 부분은 중요한 의미가 있다. 비록 국교를 맺었어도 한국과 중국은 전쟁을 했었고, 중국은 북한과 여전히 긴밀한 관계를 맺고 있었다. 그러므로 한국의 안보에 있어 중국은 모순적이고 이중적인 성격을 가질 수도 있는 국가였다. 김대중의 대중 인식과 외교 전략은 이와 같은 성격을 그대로 반영하고 있다.

우선 김대중은 1970년 4대국 안전보장론을 내세울 때부터 한반도와 동북아 평화를 위해 중국을 포함한 국제 협상 및 협정 등을 고려했다. 그리고 북핵 문제가 불거지면서 중국의 건설적인 역할을 기대했다. 김대중은 1차 북핵 위기(1993~1994) 해결 과정에서 중국이 긍정적인 역할을 했다고 평가했다. 또한 2002년 말 제네바 합의 파기 이후 초래된 2차 북핵 위기 과정에서 보여 준 중국의 역할에 주목했다. 2차 위기 때는 1차 때와 달리 남북한과 미, 일, 중, 러 등이 참여한 6자 회담을 통해서 해법을 모색했는데, 김대중은 이때 보여 준 중국의 적극적인 역할을 높이 평가했다. 김대중은 한반도 비핵 평화에 있어 중국과 한국의 전략적 목표가 겹치는 부분이 많다고 생각했다. 전체적으로 볼 때 김대중은 한중 관계의 발전이 한국의 경제와 평화에 도움이 된다고 판단했다.

그런데 김대중은 한중 관계의 밝은 면만 주목하지는 않았다. 여건 변화에 따라서 양국 관계의 긴장이 발생하고 부정적 측면이 불거질 수 있는 가능성을 염두에 두고 있었다. 먼저 경제 분야를 보면, 김대중은 한중 수교 직후부터 장래에 한국이 중국과 경쟁 관계가 될 수 있기 때문에 현재의 이익에만 안주하면 중국에 추월당할 수도 있다는 점을 지적했다. 1996년 2월 23일 김대중은 이렇게 말했다.

> 우리가 중국과 상호 보완적인 경제 관계를 지속적으로 유지시키기 위해서는 기술과 자본 면에서의 비교 우위가 반드시 전제되어야 한다는 점에서 끊임없는 노력이 뒤따라야 한다고 생각한다. 그렇지 않으면 중국은 가장 강력한 경쟁자가 되어 오히려 우리의 경제에 장애가 되는 결과를 초래하고 말 것이다."[37]

중국의 추격 가능성을 경계한 것이다. 그리고 이와 같은 인식은 앞에서 설명한 것처럼 한중 수교 훨씬 이전인 1984년부터 나온다. 그만큼 김대중은 중국의 잠재력을 높이 평가했다고 볼 수 있다. 이뿐만이 아니라 한반도 정세에 영향을 주는 외교, 안보 현안에 있어서 중국의 지나친 개입을 경계했다. 김대중은 1995년 10월 25일 이렇게 말했다.

> 중국이 중개자의 역할을 할 수는 있어도 개입을 해서는 안 됩니다. 중국이 개입하면 미국, 러시아, 일본이 불안을 느낄 것입니다. 또한 중국과 같은 대국이 개입하면 민족의 자주성도 상실됩니다. 강대국이 개입하여 1년에 해결하기보다는 민족 내부에서 자주적으로 10년이 걸려 해결하는 것이 좋은 것입니다. 다른 나라가 협

---

**37** 연세대학교 김대중도서관 편, 『김대중 전집 II 제18권』, 연세대학교 대학출판문화원, 2019, pp. 407-408.

력하는 것은 좋지만 개입하는 것은 좋지 않습니다. 이것이 자주성 확보의 길인 것입니다.[38]

이는 중국의 지나친 개입 및 영향력 확대가 발생할 수 있는 조건을 만들지 말아야 한다는 뜻이다. 김대중은 자주에 관한 자신의 입장을 '협력적 자주'라고 설명했는데, 이는 4대 강국에 둘러싸인 한반도의 지정학적 특성을 고려한 것이다. 이와 같은 원칙이 대중 외교 기조에도 반영된 것으로 해석할 수 있다. 이처럼 김대중은 1992년 한중 국교 수립 직후부터 한중 관계 발전을 중요시하면서도, 양국 사이의 전략적 균형을 함께 강조했다.

또한 김대중은 2000년대 초중반 진보 진영 내부에 상당히 퍼져 있던 과도한 친중 노선에 대해서도 경계했다. 당시 한국 사회에서는 2002년 미군 장갑차에 의해 사망한 효순-미선 사건에 대한 분노가 형성되었고, 부시(G.W.Bush) 정권의 공세적이고 일방적인 외교 노선에 대한 반감까지 더해져서 미국에 대한 비판 여론이 상당했다. 그리고 성장 잠재력이 큰 중국의 발전이 지속될수록 한국 경제에 큰 도움이 된다는 판단 속에 '미국에 비판적이면서 중국에 기대하는' 심리가 진보 진영 내부에 상당했었다. 그런데 김대중은 이것을 잘못된 판단이라고 지적했다. 『문화일보』 2004년 6월 11일에 보도된 인터뷰를 보면, "열린우리당 의원의 50% 이상이 미국보다 중국을 우선적 외교 통상 국가로 삼아야 한다는 의견을 보인 적이 있습니다.

---

38 위의 책, pp. 348-349.

이 점에 대해서는 어떻게 생각하십니까?"라는 질문에 대해 김대중은 이렇게 말했다.

> 안보 면에서는 미국이 중요하고, 경제는 양쪽 다 중요합니다. 우리는 지정학적으로 도랑에 든 송아지와 마찬가지입니다. 양쪽 언덕의 풀을 뜯어먹거든요. 주변에 있는 미국 일본 중국 러시아를 경제적으로 다 활용해야 해요. 그러니 어디가 더 중요하고 덜 중요하고 생각할 필요가 없어요. 왜 이분법적으로 사고합니까.[39]

이처럼 김대중은 당시 진보 진영 내에 퍼져 있던 중국에 대한 낙관적인 인식과 중국에 의존하려는 심리에 대해서 비판적이었다. 김대중은 미국을 중시하면서도 한국 보수 진영의 미국 추종주의를 비판했는데, 비슷한 관점에서 당시 진보 진영의 대중 인식과 태도에 대해서도 비판적이었다. 그뿐만이 아니다. 김대중은 중국이 북한에 대한 영향력을 지나치게 확대하는 것이 바람직하지 않다고 보았다. 김대중은 2007년 2월 3일 이렇게 말했다.

> 그럼 또 우리가 그렇게 안 하면 중국이 들어가서 다 하게 돼요. 그러면 우리가 중국에 북한 뺏기면 어떻게 되겠습니까. 중국의 힘이

---

39 연세대학교 김대중도서관 편, 『김대중 전집 II 제9권』, 연세대학교 대학출판문화원, 2019, p. 108.

휴전선까지 오게 돼요.[40]

김대중은 북핵 문제가 해결되지 않은 채 대립이 지속되고 장기화되면 퇴로가 막힌 북한이 중국에 의존하게 되고, 이 경우 북한의 대중 종속이 심화될 수 있다고 보았다. 김대중은 이와 같은 상황을 우려 했다. 김대중은 일본과 중국이 한반도에서 지나치게 영향력을 확대하는 것은 남북한 모두에게 좋지 않고, 동북아 평화를 위해서 부정적인 영향을 준다고 파악했던 것이다. 김대중은 중국과 외교 관계가 없던 냉전 시기에도 비슷한 입장을 갖고 있었다. 1973년 7월 김대중은 이렇게 말했다.

> 한국인은 그다지 복종하지 않습니다. 그것은 한국인이 지금까지 살아온 지혜입니다. 이전에 중국에게 그렇게 괴롭힘을 당해도 중국에 복종하지 않았습니다. … 그 큰 이유는 중국에 대한 경계심 때문입니다. … 그런 것이 있었기 때문에 지금까지 국가를 유지해 온 것입니다."[41]

이처럼 중국에 대한 김대중의 경계심은 오래전부터 형성된 것이다. 그래서 김대중은 한중 수교 이후 중국에 대한 우호적인 분위기가

40 위의 책, p. 709.

41 연세대학교 김대중도서관 편, 『김대중 전집 II 제7권』, 연세대학교 대학출판문화원, 2019, p. 294.

확산될 때에도 중국에 대한 균형 잡힌 시각을 강조했다. 중국과 관련된 김대중의 외교 전략은 위와 같은 배경 속에서 형성되고 발전한 것이다.

### 나. 동북아 평화 체제 및 동아시아 공동체 구상과 중국

김대중의 대중 외교 인식 및 전략은 한중 관계만을 고려한 것이 아니었다. 김대중은 동북아시아 및 동아시아까지 범위를 넓힌 지역 단위 외교 전략 속에서 대중 외교를 구상했다. 김대중은 1970년 4대국 안전보장론을 통해서 중국과 소련까지 포함한 동북아 지역 안보 협력 구상을 제시했다. 그리고 김대중은 미중 협력 관계가 이어지고 미소 냉전이 해체된 1990년대 초에 동북아 지역 안보 협력 체제 형성의 필요성을 강조했다. 동북아 지역 안보 협력 체제는 동아시아 공동체 구상으로까지 이어진다. 1993년 9월 8일 김대중은 이렇게 말했다.

> 저는 한, 중, 일을 포함한 동북아시아가 먼저 이 지역 내의 안보 협력 체제의 마련에 성공하고 나아가 동남아시아까지 포함한 경제적 공동 협력 체제의 구성에 성공한다면 틀림없이 21세기의 세계 경제를 주도하는 세력으로서 당당하게 등장할 수 있을 것이라고 믿습니다.[42]

---

42 연세대학교 김대중도서관 편, 『김대중 전집 II 제16권』, 연세대학교 대학출판문화원, 2019, p. 174.

김대중이 대통령으로 재임 중에 추진했던 동아시아 공동체 외교에 관한 구상이 이때부터 시작된 것임을 알 수 있다. 동아시아 공동체 구상에 있어 기본 전제는 동북아 평화 체제 구축이다. 남북한, 중국, 일본 등이 포함된 동북아 지역 국가들 사이의 평화가 제도적으로 마련되지 않은 상황에서 동아시아 공동체는 실현될 수 없기 때문이다.

그런데 미소 냉전이 해체된 이후였지만, 김대중은 동북아 협력 체제의 실현을 낙관하지 않았다. 이는 유럽 냉전과 다른 동북아 지역 냉전의 특성과 관련이 있다. 그 특성 중 하나는 중국을 둘러싼 견제와 대립이었으며, 다른 하나는 북한과 관련된 갈등과 대립이었다. 그리고 북핵으로 나타난 북한과 관련된 여러 외교 안보 현안은 중국과도 깊이 연결되어 있었다. 그래서 미소 냉전이 해체되고, 미중 우호 협력 관계가 이어지고 있을 때 동북아 지역의 안보 협력 체제를 구축해야 한다는 것이 김대중의 일관된 입장이었다.

이를 위해서 김대중은 미국이 적극적인 리더십을 발휘해야 한다고 주장했다. 이와 관련해서 김대중은 주한 미군이 주둔해야 한다고 강조했다. 김대중은 1970년대 초 미중 관계 개선 시기, 주한 미군 철수론이 제기될 때부터 지속적으로 이와 같은 견해를 밝혔다. 미국이 동북아 지역의 여러 위협 요인을 제어할 수 있는 국제적인 영향력을 갖고 있다고 보았기 때문이다. 1995년 5월 9일 김대중은 이렇게 말했다.

> 동아시아의 평화와 안정, 그리고 번영이 지속되려면 미국이 아시아 태평양 지역 내에서 앞으로도 큰 역할을 해 주어야 합니다. …

위험 요소들은 아직 그대로 남아 있습니다. … 따라서 향후 지속 가능한 평화를 위해서는 한미상호방위조약을 준수하는 것으로 충분하지 않습니다. 헬싱키협약에 버금가는 다자 안보 기구를 창설해 남한, 북한은 물론 미국, 일본, 중국, 그리고 러시아까지 이에 참여하도록 해야 합니다. 그리고 역내 안정을 위해 지속적으로 협력해 나가야 합니다. 하지만 이러한 다자 안보 기구가 효력을 발휘하려면 미군이 한반도를 비롯한 동아시아에 계속 주둔해야만 합니다. 미군이 동아시아에서 철수하면 그 권력 공백을 채우기 위해 역내 국가들 간의 패권 싸움이 시작될 것입니다. 따라서 미군의 아시아 주둔은 역내 안정의 핵심적인 요소라 할 수 있습니다.[43]

김대중이 2000년 6월 남북 정상 회담 당시 김정일로부터 주한 미군 주둔에 대해서 원칙적으로 찬성을 얻어 낸 이유도 위와 관련이 있다. 그런데 북한의 찬성을 얻어 낸다고 해도 중국이 반대할 수 있다. 북한과 미국 사이의 관계가 정상화되고, 한국 전쟁 교전 당사자들끼리 평화 협정을 맺게 되면 북한의 위협에 대응하는 주한 미군 주둔의 정당성에 대해 문제가 제기될 수 있기 때문이다. 그러므로 동북아 평화 체제 수립을 위한 새로운 국제적인 협의 과정 속에서 이 논의가 다루어질 필요가 있었다. 이와 관련해서 김대중은 2차 북핵 위기 해결을 위해서 시작된 6자 회담이 동북아 평화 체제 수립을 위

43 연세대학교 김대중도서관 편, 『김대중 전집 II 제18권』, 연세대학교 대학출판문화원, 2019, p. 196.

한 다자간 협의체로 발전하기를 희망했다. 김대중은 2004년 6월 30일 장쩌민 중국 중앙군사위원회 주석과의 대화에서 이렇게 말했다.

> 나는 6자 회담의 성공을 믿으며 문제가 해결된 이후에도 6자 회담이 한반도와 동북아의 평화를 위한 상설적인 협력 기구로 지속되기 바랍니다. 중국의 안보를 위해서도 한반도의 평화는 불가결합니다. 각하께서 한반도의 평화를 위해 계속 관심과 지도력을 보여 주기를 바랍니다.[44]

6자 회담을 통해서 2005년 9. 19 공동 성명이 나올 수 있었다. 9. 19 공동 성명에는 북한 비핵화와 동북아 평화 체제 구상이 동시에 담겨 있다. 김대중 정부의 햇볕정책을 계승한 노무현 정부가 리더십을 발휘한 소중한 결과였다.

이처럼 김대중은 남북한 및 국제적인 협의 속에서 동북아 지역 평화 체제를 구상했다. 그리고 대륙 세력과 해양 세력의 갈등과 충돌이 한반도를 통해서 이루어지는 현실을 고려해서 미국이 국제적인 리더십을 발휘해야 한다고 보았다. 그래서 김대중은 주한 미군이 동북아 지역 평화를 위해 지속적으로 주둔해야 한다고 생각했다. 이때 필수적인 전제 조건은 북한과 미국 사이의 관계 정상화다. 그래야만 북한이 동북아 지역에서 미국의 영향력 확대를 위협적으로 생각하지

---

**44** 연세대학교 김대중도서관 편, 『김대중 전집 II 제9권』, 연세대학교 대학출판문화원, 2019, p. 143.

않을 수 있기 때문이다. 이는 한반도에 대한 중국의 입장을 고려할 때에도 중요한 의미가 있다. 중국은 한반도에 미군이 주둔하는 것을 내심 싫어할텐데, 남북한이 공히 이에 찬성하면 미군 철수를 관철시킬 동력이 약화되기 때문이다.

## 4. 김대중 대중 외교의 실천

김대중은 한국을 대표하는 민주, 인권 지도자로서 대통령이 되기 전부터 국제적으로 인정받는 정치가였다. 또한 대통령 재임 시절 성공적인 외교 활동을 했으며, 노벨 평화상을 수상하여 국제 지도자로서의 위상을 공고히 했다. 그래서 김대중은 대통령 재임 이전과 이후에도 미국과 중국을 상대로 외교 활동을 할 수 있었다. 김대중의 목표는 미중 우호 협력 관계가 지속되도록 하고, 그 기반 위에서 하루라도 빨리 남북한의 평화적 통일, 동북아 평화 체제, 동아시아 공동체 등을 이룩하는 것이었다.

### 1) 클린턴 행정부 시기 미중 협조 관계 유지를 위한 김대중의 외교

#### 가. 중국 위협론에 대한 김대중의 대응 논리

미국에서 제기된 중국 위협론은 미중 우호 협력 관계를 훼손하여 한반도 및 동북아 지역에서 미국과 중국의 협조를 어렵게 할 수 있었다. 김대중은 한반도를 둘러싼 국제적 역학 관계의 변화를 예의 주시하면서, 이러한 상황에 잘못 대응하면 한반도가 가장 큰 피해를 본다고 판단했다. 김대중은 1947년 미국과 소련 사이의 냉전이 본격화되면서 미소 공위가 결렬되어 한반도가 분단의 길로 나아가게 된 것을 잘 알고 있었기 때문에, 미중 갈등이 한반도에 줄 수 있는 악영향을 내심 우려하고 있었다. 이에 김대중은 미중 우호 협력 관계에 암초가 될 수 있는 미국 내의 중국 위협론에 대해 적극적으로 대응했다.

여기서 먼저 중국 위협론이 나오게 된 배경을 살펴보도록 하자. 1989년 천안문 사태는 중국에 대한 국제적인 비판 여론 형성의 중요한 계기였다. 그 뒤 미중 관계 정상화의 배경이었던 소련이 1991년 붕괴되자, 양국이 공유하던 전략적 목표인 대소 봉쇄 필요성이 소멸되었다. 이런 상황에서 대만을 둘러싼 군사적 위기까지 발생했다. 중국은 1995년 대만 리덩후이 총통의 미국 방문에 크게 반발했다. 그리고 중국은 1996년 대만 총통 선거를 앞두고 대만 해협으로 미사일을 발사했고, 미국은 항공 모함을 보내서 대응하는 등 군사적 긴장 상태가 조성되었다. 이때 보여 준 중국의 군사적 대응은 미국에서 중국 위협론이 확산하는 결정적 계기가 되었다.

중국 위협론은 가치와 군사력, 두 가지 측면에서 제기되었다. 먼저, 가치 측면에서 문제 제기한 사람들은 중국이 미국의 도움을 받아 경제 성장하는 것에는 깊은 관심을 갖고 있지만 자유 민주주의에 대해서는 관심이 없고, 심지어 비판적이라는 점을 지적했다. 중국의 인권상황이 이 주장의 근거로 종종 제시되었다. 결국 자유 민주주의를 억압하는 권위주의 체제의 경제적 능력만 강화시켜 준다는 것이 이 주장의 핵심적인 논리이다. 그 다음으로, 군사력 측면에서 중국 위협론을 제기하는 사람들은 장래 중국의 국력이 강해지면 중국이 과거 소련처럼 미국에 대항하고, 미국을 위협할 수 있다고 주장했다.

이에 대해서 김대중은 공산주의 국가의 체제 변화를 유도하는 것이 가능하다는 논리를 제시했다. 이러한 김대중의 입장은 1972년 6월 6일 연설에서부터 확인된다. 이어서 1990년 일본 『世界』지 4월호 인터뷰에서는 중국과 함께 북한도 변할 수 있다는 입장을 밝혔다.[45] 김대중은 공산주의 국가를 상대로 지속적인 접촉을 하게 되면 자유 민주주의와 시장 경제가 내부에서 형성되고, 확산될 수 있다고 생각했다. 그리고 중국처럼 경제적으로는 시장 경제를 받아들이면서 정치적으로는 권위주의 체제를 유지하는 경우, 시장 경제를 통해 생산력이 발전하고 중산층이 형성되면 내부적인 필요에 의해서 자유 민주주의 체제로의 이행이 이루어질 수 있다고 판단했다. 김대중은 1997년 4월 8일(미국 시간) 미국 외교 협회에서 이렇게 말했다.

> 미국은 중국의 경제적 성장을 우려하고 있지만, 사실 중국이 경제적으로 풍요로워질수록 공산주의로부터 멀어지게 됩니다. 왜냐하면, 경제적으로 넉넉해지게 되면 노동자들이 더 이상 과거와 같

---

45 연세대학교 김대중도서관 편, 『김대중 전집 II 제14권』, 연세대학교 대학출판문화원, 2019, p. 376.

은 억압 체제 속에서 일하기를 거부하게 될 것이기 때문입니다. 결국 이러한 추세는 자연스럽게 민주화의 염원으로 이어지게 될 것입니다. 중국의 경제는 곧 노동 집약적 산업으로부터 고도 정보 기술 산업으로 변화하게 될 것입니다. 이런 변화 속에서 국제 경제에 성공하기 위해서는 정보의 자유로운 교류, 기술 개혁 그리고 창의성의 개발이 필요하며, 이를 위해서 중국은 민주주의 제도를 채택하여야 할 것입니다. 한마디로 중산층의 성장과 경제 개발의 필요성은 중국의 민주화를 불가피하게 만들 것입니다.[46]

이것은 내재적 발전, 내재적 변화의 논리이다. 김대중은 시장 경제의 발전과 자유 민주주의 발전 사이에 상관관계가 있다고 보았으며, 중국도 그렇게 될 수 있다고 판단했다. 그래서 경제 발전 도상에 있는 중국의 근본적 변화를 유도하기 위하여 대외적인 여건 조성 및 미국의 인내가 필요하다는 것이 김대중의 주장이다. 이와 같은 맥락에서 나온 것이 바로 햇볕정책이다. 햇볕정책은 김대중 대북 정책의 상징으로 알려져 있는데, 원래는 북한을 포함한 공산주의 국가를 상대로 한 평화적 관여 정책, 포용 정책 등을 뜻하는 상징어이다. 1993년 『월간조선』 10월호 인터뷰에서 김대중은 이렇게 말했다.

서방 세계가 소련과 중국의 인권을 문제 삼았지만 접촉을 하지 않

46 연세대학교 김대중도서관 편, 『김대중 전집 II 제19권』, 연세대학교 대학출판문화원, 2019, pp. 159-160.

> 고 욕만 해서는 두 나라의 인권이 개선되지 않았다는 사실을 교훈으로 삼아야 합니다. … 공산권을 다루는 데는 <이솝이야기>의 '태양'으로 해야지 '북풍'의 정책으로는 안 됩니다. … 북한의 인권 상황은 심각합니다. 그러나 북한 주민의 인권을 개선시키려면 접촉하고 뚫고 들어가야 합니다.[47]

여기서 김대중은 접촉을 통한 변화의 원리를 <이솝 이야기>의 내용을 통해서 비유적으로 설명했다. 햇볕정책이라는 표현은 여기서 나온 것이다. 김대중은 미중 우호 협력 관계가 지속될 수 있도록 미국이 중국을 상대로 한 햇볕정책을 지속해야 한다고 생각했다. 미국과 중국의 대립이 본격화되기 전에 한반도의 평화 통일, 동북아 평화 체제 수립을 위한 국제적인 협력 틀을 만들어야 한다고 판단했기 때문이다.

여기서 강조하고 싶은 내용이 있다. 그것은, 김대중이 중국을 선(善)한 존재로 파악하여 중국을 믿겠다는 입장이었던 것이 아니라, 중국의 패권적 속성이 현실화되지 않도록 국제적인 여건을 만드는 것이 필요하다고 판단했다는 사실이다. 그가 1982년에 작성한 옥중서신에서 알 수 있듯이 김대중은 중국이 중화사상에 기반한 패권적 속성을 갖고 있다고 보았다. 김대중은 중국의 패권적 속성이 발현되지 않도록 하는 것을 최선의 목표로 두었고, 차선책으로 패권적 속

---

47 연세대학교 김대중도서관 편, 『김대중 전집 II 제16권』, 연세대학교 대학출판문화원, 2019, pp. 133-134.

성이 발현되는 시간을 최대한 늦추려고 했다. 패권주의처럼 특정한 내재적인 속성이 발현되는 정도, 방식, 시간 등은 여러 요인에 의해서 영향을 받는다. 그래서 김대중은 여기에 가장 큰 영향을 줄 수 있는 미국의 대중 외교 방향에 관심을 갖고 지속적인 조언을 했다. 이를 통해서 미중 우호 협력 관계가 지속되도록 하여 한반도 평화 통일 및 동북아 평화 체제 수립을 위한 시간을 확보하려고 한 것이다.

### 나. 미중 협력 관계 지속을 위한 김대중의 대미 외교

미국에서 중국 위협론이 불거졌을 때는 클린턴 행정부 시기였다. 김대중은 아시아를 대표하는 민주 인권 지도자로서 미국에도 많이 알려져 있었고, 특히 두 차례에 걸친 미국 망명 투쟁을 통해서 다양한 인맥을 갖고 있었다. 그와 같은 배경에서 클린턴 행정부의 주요 인사들과 친분이 있던 김대중은 이것을 활용하여 미국의 대중국 정책에 대해 조언했다. 김대중은 앞에서 강조한 논리를 통해서 중국의 변화를 이끌어 낼 수 있다고 주장했으며, 여기에 더해서 외교 협상의 기술로서 '체면'을 중시하는 아시아 문화의 특수성을 강조했다. 외교 협상에 있어 실리적 관점도 중요하지만, 그에 못지 않게 체면을 중시하는 아시아 문화의 특성을 미국이 이해할 것을 강조한 것이다.

김대중의 이 주장은 상당히 전략적이라고 판단된다. 물론 체면에 대한 접근에 있어 동서양의 문화 차이에 대한 진단은 옳다. 그런데 체면과 위신을 중시하는 것은 정치 체제의 관점에서 보면 지도자에게 절대적 권한을 부여한 독재 체제의 성격과도 관련되어 있다. 이것은 동서양의 차이가 별로 없을 정도로 독재 체제의 기본 속성이다. 김대중은 오랜 기간 반독재 민주화 투쟁을 전개했으며, 같은 시기에 민주화 투쟁을 전개한 다른 나라의 민주 인사들과도 교류했다. 또한 김대중은 민주주의 이론가이자 민주화 투쟁 전략가로서의 면모도 갖추고 있어, 이론과 실천 두 가지 모두에 있어 뛰어난 능력을 보여 주었다. 그만큼 김대중은 독재와 민주주의에 관해서 전문가적 식견을 갖고 있었다.

그러한 점에서 볼 때 김대중이 미국에게 중국과 북한을 상대할 때 외교 협상의 기술로써 '체면'과 '위신'을 강조한 것은 전략적인 조언이라고 생각된다. 김대중의 판단대로 중국, 북한과 협상할 때에는 지도자의 '체면'과 '위신'을 살려 주는 것이 필요한데, 이들을 설득할 때 동양의 문화적 특수성을 근거로 하면 미국이 이것을 수용하는 데 부담이 적을 수 있다. 그런데 만약 독재 국가의 속성을 근거로 제시한다면 자유 민주주의 가치를 중시하는 미국이 마치 독재에 굴복하는 듯한 인상을 줄 수 있어서 미국을 설득하는 데에 도움이 되지 않는다고 판단했을 것으로 생각된다. 그래서 김대중이 문화적 특수성의 관점에서 '체면'과 '위신'의 중요성을 강조한 것은 전략적이라고 해석할 수 있다.

김대중은 위에서 설명한 대중국 햇볕정책의 논리와 외교 협상의 방법론을 근거로 미국의 대중국 정책에 조언을 했다. 이것을 구체적으로 살펴보도록 하자. 1994년 미국의 클린턴 행정부는 중국 인권 문제 등을 이유로 중국에 대한 최혜국 대우 연장 문제를 놓고 고민하고 있었다. 1994년 중국을 방문한 크리스토퍼 미국 국무장관은 3월 12일 리펑 중국 총리, 첸지첸 외교부장 등과 회담했다. 이때 이 문제와 관련해서 논쟁이 발생하기도 했다.[48] 이즈음 미국을 방문한 김대중은 1994년 5월 12일(미국 시간) 미국 내셔널프레스클럽에서 다음과 같이 말했다.

> 미국의 친구 입장에서 꼭 말씀드려야 할 것은 인권 상황의 진보나 무역 형태의 향상을 도모하는 중에도 아시아인의 사고와 체면을 분명히 존중해 달라는 것입니다. 그래야만 장기적 성공을 보장할 수 있습니다. 우리는 미국이 중국의 올림픽 개최 신청 반대, 최혜국 대우 문제 해결 또는 대일본, 남한, 기타 아시아 국가들과의 무역에 관련된 이해관계 증진 노력을 하는 가운데 극도로 강압적인 수단 방법을 사용한 데 대하여 우려하게 됩니다.[49]

김대중은 미국이 장기적인 안목을 갖고 중국에 대한 지속적인 포용이 필요하다는 점을 강조했다. 결국 클린턴 행정부는 1994년 5월 26일 중국의 인권 문제와 무역 최혜국 대우 연장 건을 연계하지 않기로 했다. 중국도 이러한 김대중의 활동을 파악하고 있었다. 1994년 11월 3일 리루이환 중국 인민정치협상회의 주석은 김대중과의 회담

---

48 『한겨레신문』, 1994년 3월 13일.

49 연세대학교 김대중도서관 편, 『김대중 전집 II 제17권』, 연세대학교 대학출판문화원, 2019, pp. 273-274.

에서 "김 선생은 민주주의를 위해 세계적인 정치인으로 활동하였다. 중·한 관계에 큰 도움을 줄 수 있는 인물이다. MFN(최혜국 대우) 지위를 둘러싸고 중국과 미국이 다툴 때 문제를 해결하는 데 김 선생이 큰 역할을 하였다."[50] 라고 말했다.

클린턴 행정부를 향한 김대중의 조언은 계속되었다. 대통령이 된 이후 김대중은 1998년 6월 미국을 방문하여 클린턴 대통령과 정상회담을 했다. 정상 회담 도중 클린턴 대통령이 인권 단체가 중국의 인권 문제로 자신의 방중을 반대한다고 설명하면서 김대중 대통령에게 중국 방문 여부에 대해서 자문을 구한 적이 있었다. 이때 김대중은 이렇게 말했다.

> 중국은 체면을 중시하며, 체면을 잃으면 어떠한 희생도 감수하려 합니다. 중국에 가시기 바랍니다. 가서도 할 말은 다 하길 바랍니다. 이는 미중 간 전략적 협조 관계 추구에도 도움이 될 것입니다. … 체면을 세워 주면서 요구할 것은 요구하면 실질적으로 인권 분야에서 성과를 얻을 수 있을 것입니다.[51]

김대중은 미국이 아시아 지역 독재 국가를 상대할 때 고려해야 할 외교 협상 태도 및 기술에 대해서 조언을 한 것이다. 여기서 한 가지 흥미로운 점은 김대중이 1994년 『포린 어페어스(Foreign Affairs)』

---

**50** 위의 책, p. 564.

**51** 김대중, 『김대중 자서전2』, 삼인, 2010, p. 85.

지를 통해서 싱가폴의 리콴유와 아시아적 가치를 두고 논쟁한 적이 있다는 사실이다. 김대중은 민주주의의 보편성을 강조하면서 아시아적 특수성과 문화 상대성 논리로 리콴유가 독재를 합리화한다고 비판했다. 이것을 종합적으로 살펴보면 김대중은 아시아적 특수성, 문화적 상대성 논리 자체를 부정한 것이 아니라, 이것의 영향을 가치 차원보다는 기술적 대응 및 태도 등에서 접근하고 있다는 것을 알 수 있다. 그래서 김대중은 민주주의처럼 인류 보편의 가치는 동서양의 차이가 없다고 주장했다. 다만 생활 방식, 관습, 풍습 등 문화적 차이는 존재하므로 이것을 차별과 배타적 태도의 배경으로 삼지 말고 상호 이해가 필요하다는 것을 강조한 것이다. 그리고 이것을 동양의 사회주의 독재 국가들을 상대로 한 외교 협상의 방법론에 응용해서 적용하고 있다는 점에서 김대중의 지혜를 확인할 수 있다.

## 2) 동북아 지역 신냉전 도래를 막기 위한 김대중의 실천

### 가. 미국과 일본의 대중국 강경 정책을 비판한 김대중

2000년 미국 대선에서 공화당의 부시(G.W.Bush) 후보가 민주당의 고어 후보를 상대로 승리했다. 새롭게 등장한 부시 행정부의 대외 정책 기조는 클린턴 행정부와 크게 달랐다. 클린턴 행정부가 파트너십을 중시하면서 미국 주도의 자유주의 국제 질서를 만들고자 했다면, 네오콘이 주도한 부시 행정부는 일방적이고 패권적인 방식으로 미국의 가치를 관철시키려고 했다. 이것이 동북아에 준 영향은 매우 컸다. 우선 클린턴 행정부 시절 이루어진 북한과의 협상을 보면 2000년 하반기에 타결 직전까지 갔던 미사일 협상의 성과가 이어지지 않았다. 또한 북핵 문제와 관련한 1994년의 제네바 합의도 2002년에 파기되었다. 결국 1999년에 나온 페리 프로세스에 따라 북미관계 정상화 단계로 나아가던 클린턴 행정부 시기의 노력과 성과는 물거품이 되고 말았다.

그 결과 동북아 지역 안정의 약한 고리였던 북한의 핵과 미사일 관련 외교, 군사적 대치가 다시 심화되었다. 여기에서 더 나아가 부시 행정부는 세계 전략 차원에서 해외 주둔 미군들의 전략적 유연성 확보를 시도하여 동북아 지역의 군사적 긴장을 고조시켰다. 이에 대해서 김대중은 2005년 2월 21일 이렇게 말했다.

> 나는 그건 참 심각한 문제라고 생각합니다. 광역기동군, 이건 원래 주한 미군의 취지하고는 맞지 않고 한미방위조약하고도 맞지 않는 겁니다. 미국이 그런 방향으로 미국 전체의 국방 정책이 움직이면서 한반도 문제도 그렇게 됐는데 그 문제를 잘못 다루면 엄청난 위험이 우리나라에 닥쳐옵니다. 광역기동군제가 되어 가면 아마 중국이 굉장히 거기에 대해서 날카로운 반발을 할 거예요. 그렇게 되면 중국은 북한에 대해서 군사적인 동맹 관계는 거의 해소하고 있는 상태거든요. 그런데 그것이 다시 강화됩니다.[52]

52 연세대학교 김대중도서관 편, 『김대중 전집 I 제9권』, 연세대학교 대학출판문화원, 2015, p. 244.

이는 결국 중국을 군사적으로 견제하는 것인데, 이렇게 되면 미중 대립 속에서 북중 군사적 연대도 강화되어 한반도를 둘러싼 군사적 대립이 심화될 수 있었다. 이는 김대중의 동북아 평화 체제 구상을 근본적으로 흔드는 일이었다. 김대중의 구상은 주한 미군이 동북아 지역의 갈등을 조절하고 균형을 잡을 수 있도록 하는 것이었다. 그런데 네오콘은 정반대로 주한 미군을 중국을 견제하는 목적으로 이용하려고 했다. 이렇게 되면 미중 갈등이 격화되어 김대중의 구상은 현실화되기 어려워진다. 특히 김대중은 북핵 문제에 따른 갈등이 미국의 대중 압박의 빌미와 계기가 되는 것을 크게 우려했다. 그래서 김대중은 6자 회담을 통해 논의되던 북핵 문제 해법에 대한 국제적 합의가 필요하고, 이와 함께 미국이 인내심을 갖고 대중 포용 정책을 지속해야 한다는 사실을 강조했다. 김대중은 2005년 4월 26일(미국 시간) 이렇게 말했다.

> 물론 중국의 인권 문제는 아직도 매우 부족합니다. 그러나 과거 문화대혁명 시대와 같은 공포나, 지옥 같은 인권 유린은 사라지고 상당한 정도의 인권 발전이 이루어지고 있는 것도 사실입니다. … 공산주의 국가에 대해서 압박과 비난 위주로 대했을 때는 인권 개선에서 큰 성과를 얻지 못하지만, 개혁과 개방으로 유도했을 때는 완전한 민주 국가로 변화하거나 억압 체제에 상당한 개선을 가져온다는 사실입니다. 개혁 개방의 유도야말로 공산국가 인권 개선의

최선의 길이자 앞으로의 민주화에 대한 확실한 가능성입니다.[53]

김대중은 장기적인 관점에서 보면 중국의 가시적인 변화가 이루어졌다고 평가했다. 그리고 개선의 추이를 감안할 때 현재 부족한 부분에 대한 해결을 기대할 수 있다고 판단했다. 또한 김대중은 미국의 의심대로 중국이 패권 국가를 지향한다고 해도 중국 뜻대로 될 수 없다고 말했다. 2006년 6월 18일 김대중은 이렇게 말했다.

중국이 지금 대외적으로 제2의 미국이 되고 그래서 세계 국가가 되고 지배자가 되길 바란다고는 보지 않습니다. 만일 그렇게 나오게 되면 많은 부작용이 있을 것입니다. 또 미국이 있고 일본이 있고 모든 나라가 있는데 중국의 그런 야심이 쉽게 이루어질 것도 아닙니다. 먼저 그렇게 하지 말고, 모두 중국과 대화를 해서 중국도 좋은 방향으로 개혁 개방을 하고, 민주화도 하고, 인권도 신장시키고…. 이런 방향으로 하도록 해서 중국도 같이 안심하고 살 수 있는 나라가 될 수 있으면 좋은 것 아닙니까?[54]

이처럼 김대중은 미국이 인내심을 가지고 중국의 변화를 유도하는 것이 긍정적인 효과를 낼 수 있다고 강조했다. 이와 함께 김대중은 미국의 강경 대응이 초래할 부정적 효과를 설명하면서 미국의 신중하면서도 전

**53** 위의 책, pp. 264-265.

**54** 위의 책, p. 487.

략적인 대응을 촉구했다. 2006년 10월 11일 김대중은 이렇게 말했다.

> 지금 미국과 일본 일부에서는 공동으로 중국을 봉쇄하려 하는 경향이 있으나 이것은 단견입니다. 중국을 봉쇄하면 봉쇄할수록 중국 군부를 중심으로 한 민족주의가 크게 일어나서 지금 모처럼 개혁 개방의 흐름 속에 일고 있는 민주화의 가능성을 말살하게 될 것입니다. 그리고 동북아시아에서의 긴장은 크게 고조될 것입니다.[55]

김대중은 미국의 대중 강경책이 중국 내부의 민족주의를 자극할 수 있고, 강경한 우파 세력인 일본의 아베 정권 출범과 맞물리면서 중일 갈등이 표면화, 전면화될 수 있는 가능성을 크게 우려했다. 장기간의 경제 침체를 겪고 있던 일본은 중국의 빠른 성장에 위기의식을 느끼고 있었다. 일본의 우익 세력은 일본의 위축, 위기감을 민족주의적 열정으로 만회하고 돌파하려고 했다. 과거사 왜곡 등은 이것과 관련된 일본 우익 세력의 정치 사회적 기획이기도 했다. 이것은 한국과 중국과의 갈등을 초래할 수 있었다. 이는 제2차 세계 대전 당시 일본이 저지른 여러 과오를 제대로 청산하지 못한 상황에서 미소 냉전 초기 공산주의 세력의 팽창에 대응하기 위하여 미국이 기획한 샌프란시스코 체제의 근본적인 한계와 관련된 것이기도 했다.

동북아 지역은 유럽과 달리 역사 화해와 과거사 청산이 미흡한 상태에 있었고, 김대중은 이러한 구조적인 한계를 이 지역의 평화와 안

---

55 위의 책, p. 547.

전에 대한 잠재적인 불안 요인으로 인식하고 있었다. 그래서 당시 김대중은 동북아 지역 각국에서 나타나는 민족주의가 협조적 성향보다 배타적 성향을 보이고 있음을 우려했다.[56] 김대중은 동북아 지역의 새로운 냉전이 형성될 가능성이 있다고 판단할 정도로 당시 상황을 매우 심각하게 인식했다. 김대중은 『경향신문』 2006년 10월 9일에 보도된 인터뷰 기사에서 이렇게 말했다.

> 동북아 정세는 제2차 냉전 시대를 지향하고 있지 않나 하는 생각입니다. 1차 냉전이 미 · 소 대립이었다면 2차 냉전은 미 · 일 대(對) 중 · 러인데, 그 사이에 한국이 1차 냉전 때와 같이 주무대가 되는 상황으로 가는 게 아닌가, 또 한 번 우리가 시련 속에 있지 않나 걱정을 금할 수가 없습니다.[57]

2006년 김대중은 동북아 지역의 신냉전 도래 가능성을 우려했다. 그리고 김대중은 미중 수교와 미소 냉전 해체 이후 조성된 한반도의 평화 통일 및 동북아 평화 체제 수립을 위한 기회의 시간이 소멸될 수도 있다고 판단하여 심각한 위기감을 느꼈다. 다행히 2006년 11월 미국 중간 선거에서 공화당의 패배로 부시 행정부 내의 네오콘이 물러나면서 새로운 기회가 찾아오는 듯했다. 2007년 2. 13 합의부터 나타난 2007년의 여러 성과는 그 결과였다. 그러나 2008년에 들어서

---

**56** 위의 책, p. 391.

**57** 위의 책, p. 535.

면서 여러 악재들이 겹쳤고, 이것을 해결하기 위한 외교적인 의지와 노력이 약화되면서 2008년 12월 이후 6자 회담은 개최되지 않았다. 그 결과 북한은 핵과 미사일 개발에 더욱 박차를 가하게 된다. 또한 2008년 발생한 금융 위기로 미국은 큰 혼란에 빠지게 된다.

이처럼 여러 상황이 악화되었지만 2008년 11월 미국 대선에서 민주당의 오바마 후보가 승리하자 김대중은 희망을 갖고 반전의 계기를 마련하기 위해 노력했다. 김대중은 오바마 행정부의 바이든 부통령, 힐러리 국무장관 등과 친분이 깊었기 때문에 다시 한번 미국의 대북 정책, 대중 정책에 대한 정책적 조언을 하려고 했다. 그래서 김대중은 2009년 힐러리 국무장관에게 편지를 보내고, 미국을 방문하여 오바마 행정부 주요 인사와의 면담을 계획했다. 그러나 2009년 8월 김대중이 서거하여 미국 방문은 성사되지 못했다.

### 나. 중국의 협력적 리더십 강조

2000년대 초반까지 김대중은 미국의 대중 정책이 미중 관계의 결정적 변수라고 판단하고 미국을 상대로 한 외교에 집중했다. 그런데 중국의 동북공정 이후 중국의 패권적 속성이 노골화될 가능성을 우려한 김대중은 중국을 공개적으로 비판하기 시작했다. 김대중은 2004년 10월 22일 인터뷰에서 이렇게 말했다.

> 이번에 중국의 동북공정 사건은 우리에게 중국에 대해서 새삼스러운 인식이랄까 걱정을 갖게 한 것은 사실입니다. 우리는 중국에

> 대해서 그동안 상당히 좋은 인상을 가지고 중국은 신뢰하고 심지어는 미국보다 중국이 더 좋다는 사람도 있었는데, 이번 그 일을 통해서 그렇게 순진하게 생각할 문제가 아니라는 생각을 가지게 됐고, 그런 의미에서는 다행이라고 생각합니다. 세계를 똑바로 봐야 하니까요.[58]

그 이전에도 한국과 중국 사이에 여러 마찰이 있었지만 동북공정만큼 크게 이슈가 된 것은 없었다. 중국은 그동안 한국을 끌어들이고 일본을 견제하기 위해서 과거 일본의 제국주의 침략과 관련된 여러 이슈를 제기했었고, 이는 상당한 효과를 발휘하기도 했다. 그래서 동북공정은 한국에게는 엄청난 충격이었으며, 중국에 대한 재인식이 형성되는 계기가 되었다. 물론 김대중은 동북공정 이전에도 중국의 패권적 속성을 간파하고 있었다. 결국 이 사건을 계기로 김대중은 중국의 국제적 리더십에 대한 조언을 본격화했다. 김대중은 2004년 7월 2일 중국 칭화대 강연에서 이렇게 말했다.

> 이제 세계는 중국을 주목하고 있습니다. … 21세기는 선진국이나 후진국이나 균형 잡힌 세계화의 틀 속에 상생하고 공영해 나가야 합니다. … 머지않아 경제 초강대국의 반열에 들어설 중국의 미래의 주인공인 여러분은 세계의 균형 잡힌 번영 속에 전 인류가 생

---

**58** 위의 책, p. 181.

의 큰 희망을 안고 살아갈 수 있도록 주도적 역할을 할 사명이 있습니다.[59]

김대중은 중국이 머지않아 미국의 질서에 도전할 수 있을 정도의 국력을 갖게 될 것이라고 예측하면서, 중국이 주변 국가 및 세계 평화에 기여할 수 있는 성숙한 국제적 리더십을 갖출 수 있도록 노력할 것을 강조했다. 그리고 이것이 가능해지려면 중국 내부의 변화에 근거한 민주화가 필요하다고 판단했다. 2007년 2월 15일 김대중은 이렇게 말했다.

> 중국의 시대가 온다고 해도 중국이 제대로 고개를 넘지 않으면 안 됩니다. 안심할 수 없습니다. 그것은 민주화입니다. … 중국이 이에 어떻게 대응할지, 탄압해 나갈지, 또는 중산 계급을 정치의 중심에 받아들일지, 그것이 중국의 운명을 좌우한다고 생각합니다.[60]

김대중은 중국의 장래에 대해서 두 가지 길이 있을 수 있다고 보았다. 중국이 그중 어느 방향으로 가게 될지는 알 수 없지만, 중화주의에 근거한 패권을 추구하게 되면 큰 문제가 될 것이라고 진단했다. 김대중은 2008년 4월 4일 독일의 사회학자 울리히 벡과의 대담에서 이렇게 말했다.

---

**59** 위의 책, pp. 147-148.

**60** 위의 책, p. 735.

> 중국과 인도 등이 큰 존재가 될 것인데, 특히 중국이 평화적으로 민주 국가로 이행해 간다면 이는 세계에 축복이 될 것이며, 그들이 중화주의, 제국주의, 자기도취적 민족주의에 빠진다면 이는 큰 재앙이 될 것입니다.[61]

위의 내용을 연결해서 보면 중국에 대한 김대중의 전략적 조언의 방향을 파악할 수 있다. 우선 김대중은 미중 관계에 있어 중국 변수의 독자성을 중시하게 되었다. 그전에는 미국의 대중 정책에 초점을 맞추고 있었는데, 이와 같은 접근은 미국의 정책을 독립 변수, 중국의 변화를 종속 변수로 전제한 것이었다. 그런데 중국의 국력이 강해지고, 동북공정에서 보듯 중국의 패권적 속성이 표면화되는 것에 주목하면서 김대중은 중국 변수가 미중 관계에 독립적인 영향을 준다고 판단한 것이다.

한편, 김대중은 중국의 민주화가 이루어지지 않을 가능성도 고려한 것으로 보인다. 김대중은 중국의 민주화가 필요하다고 판단했고, 중국의 민주화에 우호적인 대외 여건이 조성될 수 있도록 노력했다. 그러나 민주화 여부는 결국 중국 내부 상황에 좌우될 수밖에 없었다. 이러한 상황에서 미중 협력 관계 지속을 위해 김대중이 할 수 있는 조언은 중국이 패권을 추구하지 말고 국제 협력을 중시하도록 하는

---

**61** 연세대학교 김대중도서관 편, 『김대중 전집 I 제10권』, 연세대학교 대학출판문화원, 2015, p. 324.

것이었다. 김대중은 그것이 중국의 국익에 도움이 되고, 세계 평화에도 기여할 수 있음을 중국 주요 인사들에게 강조했다. 김대중은 서거 직전 마지막 해외 방문이 된 2009년 5월 중국 방문 기간 중에 시진핑 부주석(2023년 중국 국가 주석) 등과 회담했다. 이때 김대중은 중국의 '천하태평' 사상을 원용해서 중국의 바람직한 국제적 리더십의 방향에 대해서 다음과 같이 조언했다.

> 현재의 대국은 억압과 착취에 대한 권리가 아니라 책임을 지는 대국, 평화에 대한 책임, 기아에 대한 책임, 질병에 대한 책임, 환경에 대한 책임, 인류 화해에 대한 책임, 이런 것을 지는 것이 대국의 사명이 되었습니다. 여러분의 조상들이 한나라 혹은 명나라, 송나라 시절이었을 때 중국 대륙이 천하였습니다. 그때도 최고 이상이 천하태평이었습니다. 그때는 황제가 그 책임을 졌습니다. 이제 우리는 지구를 하나의 천하로 보는 그러한 천하태평을 바라고 또 그것만이 인류가 파멸하지 않고 살아갈 길인데 그 점에 있어서 오랜 천하태평의 이상을 가지고 있는 중국, 그리고 이제 실질적으로 세계에 그러한 공헌을 할 수 있는 중국이 지구 전체의 천하태평의 선두에 서서 큰 역할을 해 주시기를 바랍니다.[62]

당시 미국은 이라크 전쟁 후유증과 금융 위기 등으로 큰 혼란을 겪고 있었다. 그때 중국은 지속적인 경제 성장을 통해서 소련 붕괴

---

62 위의 책, p. 702.

이후 유일한 초강대국으로 있던 미국에 도전할 수 있는 국가로 뚜렷하게 부각되고 있었다. 김대중은 이미 막강한 영향력을 갖게 된 중국이 다양성을 존중하고 주변 국가와의 공존을 추구하는 협력적인 국제 리더십을 발휘해야 한다고 조언했다. 그래서 이것을 중국의 전통적인 '천하태평' 사상을 통해서 설명했다. 김대중은 중국이 가까운 시일 내에 민주화를 이루기 힘들다고 보았고, 이에 중국 지도부의 합리적인 대외 전략을 기대했다고 볼 수 있다. 이것은 미중 협력 관계가 지속되기를 바라는 김대중의 의지가 반영된 것이다.

## 5. 글을 마치며

김대중은 평생 한국의 민주화, 한반도의 평화 통일, 동북아 평화 체제, 동아시아 공동체 등의 4가지 정치적 목표 실현을 위해서 노력한 정치가였다. 김대중의 뛰어난 점은 미국, 중국, 일본, 러시아 등 대국에 둘러싸인 중견 국가인 한국의 정치 지도자로서 한국을 넘어선 국제적 차원의 지역 발전 전략을 구상하고, 이것의 실현을 위한 활발한 외교 활동을 전개했으며, 상당 부분 성공을 이루었다는 사실에 있다. 이것이 가능했던 것은 그가 동북아 지역의 복잡한 역사적, 구조적 갈등 구조를 정확히 이해하면서 그에 맞는 해결책을 제시했고, 아시아를 대표하는 민주 인권 지도자로서의 국제적 영향력을 갖고 있었기 때문이다.

이와 같은 김대중의 활동에 있어 중요한 대상은 중국이었다. 김대중은 한반도에 있어 중국의 영향력과 중국을 둘러싼 국제적인 역학관계에 대해서 잘 이해하고 있었다. 그래서 김대중은 한국과 한반도를 향한 중국의 구심력과 원심력을 적절하게 조절할 수 있는 지혜와 정치력이 필요하다고 보았다. 김대중은 한중 관계, 북중 관계, 미중 관계, 중일 관계 등, 다양한 측면을 복합적으로 고려하면서 외교 전략을 모색한 정치가였다. 이는 본문에서 분석한 여러 사례를 통해 확인할 수 있다.

김대중은 대통령 재임 시기 중국과의 관계가 좋았다. 아울러 장쩌민 등 중국의 주요 지도자들이 그를  높이 평가하기도 해서 일각에서는 김대중이 중국에 대해 우호적으로만 대했다고 생각하는 경향이 있다. 그러나 김대중은 가치와 이익을 동시에 중시하는 품격 있는 실용적 현실주의자로서, 외교를 하는 데 있어 도덕적인 선악 이분법이나 감정에 매몰되는 것을 경계했다. 이것은 중국에도 해당되었다.

미중 수교 직후 미중 관계에 대한 장밋빛 전망으로 가득했던 1982년에 쓴 옥중서신에서 중국의 패권적 속성을 날카롭게 지적할 정도로, 김대중은 중화사상에 근거한 중국의 패권적 속성를 간파하고 있었다. 김대중이 중국을 중시하고 한중 관계의 발전을 도모하며, 미중 우호 협력 관계가 지속되도록 많은 노력을 기울인 이유는 그만큼 중국의 영향력을 인정하고, 중국의 패권적 속성을 내심 우려했기 때문이기도 하다. 이는 김대중의 일본에 대한 인식, 대일본 외교에서 나타난 것과 매우 유사하다.

김대중은 자신의 원대한 정치적 목표인 한반도의 평화 통일, 동북아 평화 체제, 동아시아 공동체 등을 이루기 위해서는 미중 우호 협력 관계가 필요하다고 판단했다. 그래서 김대중은 미국과 중국에 대한 직접 외교 활동을 통해서 양국 관계가 원만하게 유지될 수 있도록 노력했다. 미국에게는 중국의 변화 가능성에 대한 장기적 전망을 갖고 중국에 대한 포용 정책 지속을 강조했고, 중국에게는 패권을 추구하는 대신 국제 관계에서 협력적 리더십을 발휘하기를 촉구했다. 다만, 김대중은 장기적으로는 미중 관계의 미래를 낙관하지 않았다고 판단된다. 이는 2006년에 신냉전의 도래 가능성을 언급한 데에서 확인할 수 있다.

김대중은 2009년에 서거하여 미중 경쟁이 본격화되는 것을 목도하지는 못했다. 그러나 2023년 현재 국제 정세 및 동북아 지역 정세를 살펴보면 김대중의 우려가 현실이 되었음을 알 수 있다. 평화와 안정 그리고 공동 발전의 이상은 크게 흔들리고 있으며 대립, 갈등, 불신 속에서 각자도생이 각국의 국가 전략, 대외 전략의 기본이 되고 있다. 만약 김대중이 살아 있다면 작금의 상황을 개탄하면서, 어떻게든 반전의 계기를 마련하기 위해 노력하고 있을 것이다. 그렇게 볼 때 '중국에 대한 김대중의 인식과 외교 전략'이라는 주제로 작성한 이 글은 역사적 사실에 대한 연구일 뿐만 아니라, 이상적인 국제 질서를 현실로 만들기 위한 지혜를 배울 수 있는 실천적 함의를 갖고 있다고 생각한다.

Ⅱ

# 김대중의 이상, 정치적 업적 및 유산
## :중국 학자의 관찰과 판단

장원링, 비잉다

1. 들어가는 글
2. 이상과 신념을 위해 헌신한 투사
3. 햇볕정책과 한반도 평화 프로세스
4. 퇴임 후의 김대중
5. 김대중과 중국
6. 결어

# 김대중의 이상, 정치적 업적 및 유산
## : 중국 학자의 관찰과 판단

**장원링**(张蕴岭)[63] 산동대학교 석좌교수, 중국사회과학원 학부위원(中国社会科学院学部委员)
**비잉다**(毕颖达) 산동대학교 동북아학원 교수 겸 부원장(山东大学东北亚学院教授，副院长)

## 1. 들어가는 글

김대중은 국제 사회에서 유명한 한국의 정치가로, 한국의 현대적 민주화를 위해 공헌한 걸출한 인물이다. 그의 정치적 생애는 '아시아의 만델라'라는 칭호를 얻을 정도로 고난과 좌절로 가득하였지

63 장원링 선생은 중국사회과학원에서 재직 중, 대통령 당선 전 중국을 방문한 김대중을 접대하였다. 또 "동아시아 전망 소조(东亚展望小组)"의 팀원으로 활동한 기간 및 기타 장소에서 수 차례 그와 접견하였으며 한중 관계, 남북 관계 등에 대해서 깊은 토론을 진행하였다. 특히 한국을 위한, 한반도 평화를 위한, 동북아시아, 동아시아 지역 협력을 위한 김대중의 공헌에 대해서 깊은 존경의 뜻을 품고 있다.

만, 그는 자신의 정치적 포부를 실현하여 마침내 대통령이 되었고, 2000년에는 사상 처음으로 남북한 정상 회담을 성사시킨 공로로 노벨 평화상의 수상자가 되었다.

김대중은 대통령직을 수행하는 동안 많은 눈부신 업적을 달성하였고, 소중한 유산을 남겼다. 국내적으로 김대중 정부는 아시아 금융위기를 잘 대처했고, 한국을 IT 기술 강국으로 만들었다. 또한 민족의 화해와 협력을 위해 노력하여 '햇볕정책'을 창안하고, 실행하였으며 남북 관계 발전에 큰 진전을 이루었다. 대외적으로 김대중 정부는 능동적인 외교 정책을 펼쳐 한반도 평화 시스템 구축에 앞장섰으며, 동아시아 지역의 공동 번영을 위한 중요한 의견을 제시하였다.

김대중은 한반도 평화에 대한 중국의 영향력을 높이 평가하고, 한국과 중국의 발전적인 관계를 적극적으로 도모하여 중국에서는 매우 높은 지명도를 가지고 있었다. 중국 정부와 중국 사회의 여론은 김대중이 한국의 현대화를 위해 분투하고 헌신한 바를 익히 알고 있으며, 한반도의 남북한 화해를 위한 노력, 특히 중국과의 관계 발전을 위해 공헌한 바에 대해서 그를 매우 긍정적으로 평가하고 있다.

이제 전 세계, 동아시아, 한반도의 지정학적 관계는 중요한 변화를 맞이하고 있다. 이런 변화 가운데 김대중의 민족 화해, 한반도 평화 시스템 구축, 동아시아 지역 협력을 위해 펼친 사상적 노력을 다시 한번 짚어 보는 것은 매우 필요한 일이라 생각한다.

## 2. 이상과 신념을 위해 헌신한 투사

김대중은 서른이 되기 전부터 정치에 헌신하였는데, 그의 정치적 경력은 화려했지만 시련 또한 가득했다. 그는 수차례 수감되었지만 이상과 신념을 저버리지 않았고, 마침내 74세의 나이로 대통령이 되었다. 사람들의 눈에 비춰진 김대중은 한국의 민주 투사이자 정치계의 '불사조'로, 쓰러지지 않는 사나이였다.[64] 그가 그럴 수 있었던 까닭은 그가 이상과 신념을 지닌 사람이기 때문이며, 이를 끝까지 포기하지 않고 도전했기 때문이다.

김대중은 강한 민족의식을 지닌 사람이었다. 그는 줄곧 남북한은 대치 상태를 멈추고, 평화와 교류, 공존과 통일을 실현해야 한다고 주장하였다. 김대중은 정치에 입문하고 얼마 지나지 않아, 남북한 관계와 민족 통일 문제를 개선하기 위한 자신만의 입장을 세웠다. 1961년 2월 20일 김대중은 "유엔의 감독 아래 남북한 총선거를 실시하고, 이 문제를 중국이 유엔에 가입하는 사안과 교환하자."라는 주장을 공개적으로 발표하였다.[65] 당시 국제 정세는 삼엄한 미소 냉전 시기로 한반도에서 '북진 통일', '무력 통일' 등 전쟁 논조가 더 빈번히 거론되던 때였다. 한국의 국내 정세 역시 매우 불안정하였기

---

64 「半岛"不死鸟"创造政坛神话—记韩国前总统金大中(한반도의 "불사조"가 정치계의 신화를 만들다 - 한국 전 대통령 김대중을 기억하며)」, 「兰台内外」 2010년 제1기, 왕샤오펑(王霄鹏): 「打不倒的政坛硬汉(쓰러지지 않는 정치계의 사나이)」, 『英才』 2000년 제3기 참조.

65 김대중도서관, "김대중 생애", https://www.kdjlibrary.org/president/yearbook?fullScreen=true (검색 일: 2022.06.20.)

때문에 이런 특수한 국제, 국내 환경에서 김대중의 주장은 매우 드문 내용이었다. 그의 주장은 내용면에서 미래를 꿰뚫는 통찰이 보였으며, 정치계에 갓 들어선 청년 정치인의 정치적 능력을 충분히 보여 주는 것이었다. 김대중의 남북 통일 문제에 대한 구체적인 정견은 1971년 7대 대통령 선거 공약에 더 많이 녹아 들어 있다. 1971년 2월 4일 김대중은 워싱턴에서의 기자 회견 중 통일 문제에 대해서 자신의 입장을 상세히 밝혔다.

> 통일은 우리의 숙원이지만 단시간 내의 통일은 실현하기 어렵습니다. 그래서 통일의 기초를 세우자는 의미에서 말하자면, 세 단계가 필요하다고 봅니다. 즉, 무력 통일 주장을 버리고 남북 긴장 상태를 완화하는 단계, 기자, 편지, 스포츠 등 비정치 군사적 교류를 진행하는 단계, 마지막으로 정치 경제 교류를 하는 단계가 필요합니다.

남북한이 유엔에 가입하는 문제에 대해서 김대중은 다음과 같이 강조했다. “남북이 각각 유엔에 가입하는 것은 한반도에 두 개의 국가를 인정하는 것이며, 이를 강력히 반대합니다.”[66]

김대중의 단계적 남북 통일 입장은 미소 냉전의 ‘대완화’ 배경에서 남북한이 교류로 나서기 위한 분위기 조성을 위해 제기된 것으로, 그의 통일에 대한 인식이 매우 객관적이고 이성적이었음을 확인할 수

---

66 김대중도서관, “김대중 생애”, https://www.kdjlibrary.org/president/yearbook?fullScreen=true (검색 일: 2022.06.20.)

있다. 그가 제안한 세 단계는 매우 현실적이며 협의 가능한 것이었다.

'7. 4 남북 공동 성명'이 발표된 후, 김대중은 자신의 '3단계 통일론'의 내용을 발전시켰다. 그것은 남북이 평화로운 공존을 약속하고, 평화로운 교류를 확대하여 평화로운 통일을 실현하자는 것으로, 통일의 원칙은 평화, 자주, 민주였다. 이후 김대중은 여러 번의 대선에서 이 '3단계 통일론'을 강조하였고, 국제 정세의 변화에 따라 통일의 실천 방법을 수정하였다. 대통령에 당선된 후 김대중 정부는 '3단계 통일론' 정신에 입각한 대북 정책을 추진하였다.

한반도 평화 정착을 위해서 김대중은 민족 자주의 원칙을 지키는 것과 동시에 강대국과의 협력을 매우 중시하였다. 김대중은 남북한 관계 개선에 노력하면서, 남북 양측이 평화를 수립하는 방법에 대해 고민하였다. 그는 '3단계 통일론'을 구상하면서 평화 공존의 구체적 실시 방법을 설계하였다. 구체적인 방법으로 그는 남북한이 마땅히 상호 불가침 선언, 평화 협정 체결, 감독 기관의 확대 및 개선을 주장하였다. 또한 김대중은 한반도 양측이 동시에 유엔에 가입하여 정기적으로 남북한 책임 관계자급 회담을 개최해야 한다고 주장하며, 정전 협정을 평화 협정으로 격상시키는 것을 제안했다. 이러한 내용은 남북 관계 개선이 한반도 평화의 가장 기본적인 전제라는 김대중의 평화 이념을 반영하고 있다.

1970년대에 들어선 이후 국제 정세는 평화를 중시하는 화합의 국면으로 들어섰고, 김대중은 한국의 외교에 대해서 자신만의 원칙을 세웠다. 그가 생각하기에 한국 외교의 기본 원칙은 남북한 대치 국면을 완화하는 것으로, "외교의 중점은 ① 남북 긴장 완화에 노력하고, ② 종래의 이데올로기 중심에서 민족 실리의 방향으로 전환해야 하며, ③ 국정의 민주적 개혁으로 외교의 기본 저력을 갖춰야 한다는 데 설정되어야 한다."라고 말했다.[67]

이러한 인식 속에서 김대중은 부단히 주요 강대국과 평화적인 관계를 수립해야 한다고 주장하였다. 1973년 2월 23일 김대중은 "뉴욕타임즈"에 미중일이 남북한과 각각 불가침 조약을 체결하고 한반도 지역 평화를 보장해야 한다는 글을 기고했다. 더불어 김대중은 적극적으로 한반도 주변 4대국과 남북 문제에 대한 협력을 부탁하였고, "한반도의 평화를 확립하기 위해서 제일 중요한 것은 미, 중, 소, 일 등의 한반도 문제에 대한 협력"임을 강조하였다.[68]

협력의 방법에 있어서 김대중은 한국과 미국이 상당 기간 동안 협력 체제를 유지해야 하고, 동시에 주변 4대국이 4자 회담을 개최할 필요가 있으며, 이러한 회담을 기초로 남북한을 포함한 6자 평화 회담 체제를 구성해야 한다고 주장하였다. 물론, 김대중은 미중남북 4국이 참여하는 '한반도 4자 회담'도 매우 찬성하였고, 대통령에 취임한 후 4자 회담을 적극적으로 여러 번 개최하였다. 정리하자면, 한반도 평화 체제를 구성하는 데에 이로울 수 있다면, 그 어떤 형식이라도 김대중은 적극적인 지지를 보였던 것이다.

---

**67** 김대중도서관, "김대중 생애", https://www.kdjlibrary.org/president/yearbook?fullScreen=true (검색 일: 2022.06.22.)

**68** 김대중도서관, "김대중 생애", https://www.kdjlibrary.org/president/yearbook?fullScreen=true (검색 일: 2022.06.22.)

한반도의 평화를 이루는 데 있어서 매우 민감한 문제는 바로 주한 미군 문제이다. 이에 대해 김대중은 여러 번 자신만의 견해를 밝혔다. 그는 주한 미군은 남북 군사력 균형 유지와 평화 수호의 측면으로만 이해할 수 없고, 동아시아에서 일본, 중국과의 세력 균형을 확립하는 측면에서도 필요하다는 입장을 갖고 있었다. 그 외에도 북핵 위기가 점점 고조되는 상황에서 김대중은 자신의 입장을 다음과 같이 밝혔다.

"북한은 마땅히 핵 사찰을 받아야 한다. 북한이 걱정하는 한국의 미군 핵무기 배치 문제에 대해서는 마땅히 적절한 조치를 취해야 한다."[69]

이 입장은 그가 집권한 후에 대북 정책에서 대체로 실현되었다.

## 3. 햇볕정책과 한반도 평화 프로세스

한반도 남북의 화해와 민족 통일의 실현은 김대중의 숙원이었다. 김대중은 대통령에 당선된 후 '햇볕정책'을 강력하게 추진했는데, 그 목표는 한반도 남북의 화해와 협력이었다. 대북 관계를 개선하여 한반도의 평화 국면을 조성하고 남북의 평화 공존을 실현한 뒤, 이를 기초로 민족의 상호 인식을 강화하여 마침내 자주, 평화적인 방식으로 민족 통일을 추진한다는 것이었다.

'햇볕정책'은 김대중 대통령의 평화와 통일에 대한 철학의 핵심이

69 김대중도서관, "김대중 생애", https://www.kdjlibrary.org/president/yearbook?fullScreen=true (검색 일: 2022.06.20.)

며, 비범한 정치가의 현실적이면서도 시대를 앞서 제시한 정치 이념이었다. 이는 기존의 대북 정책의 경험과 교훈을 종합한 바이며 한반도 남북 관계 발전의 역사적 맥락, 국제 정치상 한국의 실제 역량 등의 조건을 충분히 고려하여 제시한 정책이었다. 김대중 정부는 복잡한 국제 정세와 국내 상황에서 '햇볕정책'을 추진하였다.

냉전이 끝난 후, 북한 체제 붕괴라는 소문이 성행하였고, 많은 사람들이 한반도 국면의 타개책으로 북한의 붕괴를 희망했다. 물론 당시 북한은 거대한 경제적 위기에 직면했고, 안으로는 지도자 교체라는 변수가 있었지만, 북한 사회는 체제 붕괴로 향한 것이 아니라 오히려 체제 안정을 지향하여, 국제 관계 속에서 이미지 개선을 도모하고 있었다. 이런 상황에서 '햇볕정책'의 제시는 한국 대북 정책의 중대한 전환으로서, 김대중은 북한에 대한 인식, 정책 실행과 교류 방식에 큰 변화를 주어 남북 화해의 분위기와 민족 통일의 공감대를 조성하고자 했다. '햇볕정책'은 김대중의 이상적 설계였고, 한국의 현실적인 선택이었다. 만약 남북한이 대치 국면을 계속 유지하여 혼란이 발생했다면 한국에 위기가 찾아오는 것은 불가피했고, 거대한 대가를 치러야만 했을 것이다.[70]

1997년 발생한 아시아 경제 위기는 한국에게 거대한 충격을 주었다. 이는 김대중 정부가 국가 경제 회복 발전에 더 큰 노력을 쏟아야

---

70 동서독 통일의 방식으로 남북 통일을 실현할 수 있다고 생각한 사람들도 있지만, 현실적으로 한국은 서독과 같이 든든한 재정으로 북한을 완전히 흡수할 능력이 없었다. 진지푸(金基福), 황쥔야오(黄俊尧), 「韩国政府"阳光政策"解析: 进程、意义与问题(한국 정부의 "햇볕정책" 분석: 과정, 의의 및 문제)」, 『求实』 2003년 제6기, p. 49 참조.

하는 상황을 만들었다. 아시아 금융 위기는 한국 경제를 흔들었고, 한국의 자신감에 큰 충격을 주었다. 김대중 정부에게 최대한 빨리 경제를 회복하여 국가의 자신감을 제고해야 하는 시급한 임무가 주어졌다. 그로서는 한국을 '물과 불 가운데 있는 위기'에서 구해 내기 위해서 반드시 한반도의 평화적 분위기를 조성해야 했고, 안정적인 국면을 통해 외국의 투자를 유치해야 했다.[71] 이에 대북 관계 개선은 한반도 정세 안정을 유지하는 방법이자, 동아시아 지역의 협력 발전을 위해서도 필요한 조치였다.

미국 클린턴 정부는 북한에 대해 '접촉' 정책을 펼치며 북미 관계에서 완화 국면을 조성하였는데, 이것이 김대중 정부의 '햇볕정책'에 유리한 환경을 제공하였다. 즉, 김대중 정부의 '햇볕정책' 실시는 클린턴 정부의 대북 정책 기조와 일치했다고 말할 수 있다.[72] 제1차 북핵 위기는 한반도의 정세를 일시에 위기로 몰아넣었고, 한반도 정세 안정을 유지하는 일은 점점 더 어려워졌다. 북미가 제네바 합의를 체결한 후 클린턴 정부는 대북 지원 및 북미 관계를 개선하겠다는 승낙을 하고, 4자 회담을 추진하여 한반도 문제 해결 방안을 모색하였다. 한반도 긴장 국면을 원치 않는 한국의 입장에서, 미국의 대북 '접촉'정책 및 북미 관계가 완화되는 정황은 한반도 남북 문제 개선의 든든한 지지대가 되었다.

---

**71** 멍칭이(孟庆义), 「"阳光政策"评析("햇볕정책" 평가와 분석)」, 『东疆学刊』 2000년 제2기, p. 6 참조.

**72** 선딩창(沈定昌), 「阳光政策出台背景(햇볕정책의 제시 배경)」, 『当代韓国』 2006년 제4기, p. 18 참조.

이러한 배경 아래, 김대중 정부는 더 이상 '북방 위협'을 강조하거나, '통일 정책'과 같은 민감한 화제를 사용하지 않고, '햇볕정책'이라는 '대북 정책'을 제시하였다. '햇볕정책'의 핵심은 한반도에서 다시 전쟁이 일어나는 것을 막고, 남북한이 화합과 협력을 실현하여 공동의 번영과 발전을 도모하는 것이다.[73] 이러한 목표 아래 '햇볕정책'은 3대 핵심 원칙을 강조하였다. 즉, 한반도 평화를 파괴하는 무력 도발을 용인하지 않고, 대북 '흡수 통일'을 추진하지 않고, 적극적으로 남북한 화해와 협력을 도모한다는 것이다. 이러한 원칙에 근거하여 김대중 정부는 굳건한 한미 동맹을 강조하고, 한국의 군사력을 증강하여 북한에 대한 압도적인 연합 방위 태세를 갖추려고 했다. 이는 북한을 제압하여 북한으로 하여금 더 이상 무력 도발로 한국을 위협하지 않으며, 나아가 무력 행위를 버리고 '벼랑끝 전술'을 포기하게 함으로써 한반도 안전 및 평화 체제의 초석을 세우기 위함이었다.[74] 또 다른 한 편으로 김대중 정부는 적극적으로 대북 정책을 조정하여 북한을 대화와 교류, 협력의 대상으로 보고 '햇볕정책'을 실행하고자 하였다.

김대중 정부 초기 남북한 사이에는 여러 번 위기가 발생했다. 김대중 정부는 잠수함 사건, 연평해전, 금강산 여행객 구류 사건 등의 위

---

**73** 팡슈위(方秀玉), 「反思金大中政府的对朝政策(김대중 정부의 대북 정책 성찰)」, 『东北亚论坛』 2009년 제5기, p. 59 참조.

**74** 류창밍(刘昌明), 장촨허(张传鹤), 「金大中政府关于朝鲜半岛和平机制的构想(김대중 정부의 한반도 평화 체제 구상)」, 『山东大学学报(哲学社会科学版)』, 2001년 제5기, p. 101 참조.

기에서 강력한 대응을 하여 북한에 대한 한국의 압도적인 실력 우세를 선보였다. 그러나 김대중 정부는 양측의 무력 충돌에도 불구하고 '햇볕정책'을 포기하지 않았다. 김대중 정부는 적극적이며 현실적인 태도로 북한을 대했다. 무엇보다 북한을 '흡수 통일'의 대상으로 보지 않았다. 김대중 정부는 북한을 평화 통일 실현의 협력 대상으로 보았으며, 북한이 적의를 버리고 남측과 교류와 왕래를 기꺼이 추진하기를 희망했다. 김대중 정부의 이러한 일관된 대북 기조는 김영삼 정부의 대북 정책과 선명한 대비를 이루었다. 성과가 증명하듯이 김대중 정책의 일관성은 좋은 효과를 얻었다.[75]

김대중 정부는 남북한이 장기적인 적대로 인해 서로 간의 신뢰가 크게 깨졌고, 결과적으로 한반도 통일이 장기적인 과제일 수밖에 없음을 인식했다. 결국 김대중 정부는 5년의 임기 동안 한반도 통일이라는 요원한 과제를 이행하기보다는, 남북 교류라는 긴장 국면을 완화하는 현실적인 노력을 통해 남북한 양측의 평화 공존을 실현하고, 미래의 민족 통일을 위한 기초를 닦기로 결정했다.

김대중 정부는 '정경분리', '선민후관' 등의 원칙을 실천하여 북한과의 교류 협력을 추진하고, 한반도 남북 관계 개선을 촉진하였다. 인도주의적인 관점에서 출발하여 대북 지원과 남북 이산가족 상봉 등의 항목을 추진하는 것 외에도, 정부 간 고위급 회담을 개최하고 남북한 관계 개선을 촉진하는 사업을 수행하여 북한에 대한 적대적

---

75 정청홍(郑成宏), 「金大中的"阳光政策"及其现实意义(김대중의 "햇볕정책" 및 현실적 의의)」, 载『哈尔滨工业大学学报(社会科学版)』 2017년 제3기, p. 21 참조.

인 태도를 버리고, 교류 협력의 방식으로 한반도 평화와 번영을 도모하는 정치적 선의를 내비쳤다. 동시에 민간 교류를 지지하고, '남북한 경제 협력 활성화 조치'를 발표하여 대북 투자 및 대북 운송 가능한 상품과 설비에 대한 제한을 풀고, 대북 교류 협력의 신청 과정을 대폭 완화했다. '햇볕정책' 아래, 남북 민간 교류와 협력이 점차 증가하여 마침내 김대중 정부 대북 정책의 대표적 성과 중 하나인 '금강산 종합 개발 계획'이 발표되기에 이르렀다.

남북한 경제, 인문 교류가 끊임없이 확대되며, 김대중 정부의 '햇볕정책'은 정치 영역에서도 성과를 냈다. 2000년 6월 13일에서 15일까지 김대중 대통령은 북한을 방문하여 남북 관계에서 중요한 이정표가 되는 남북 정상 회담을 실현하였다. "이번 남북 정상 회담은 상호 이해와 남북 관계 발전, 자주 평화 통일을 실현하고자 하는 측면에서 중대한 의의가 있다. 세계 평화와 번영의 흐름 가운데, 한반도는 55년간 분열했지만 드디어 평화와 화해, 협력의 새 시대를 열었다. 특히 김대중 대통령의 평양길은 그의 박력, 열정, 끈기 및 회담 중의 실용적인 태도로 대단한 승리를 거두었고, 역시 '정치 투사'라는 평가에 걸맞은 행보였다."[76]

남북 정상 회담을 마친 후, 양측은 역사적인 '6. 15 남북 공동 선언'을 발표하였다. 이 선언은 정치, 경제, 인적 교류 등 여러 영역을 포함한 김대중 정부의 '햇볕정책'의 성과를 담고 있다. 남북 양측은

---

**76** 쉬바오캉(徐宝康), 「朝鲜半岛: 南北和解新时代(한반도: 남북 화해의 새 시대)」, 載『人民论坛』 2000年 第7期, pp. 36-38 참조.

1991년의 '남북 기본 합의' 정신을 준수할 것을 발표했는데, 이는 상호 존중, 상호 불가침을 기반으로 교류 협력 관계를 계속 이어 나갈 것을 약속한 것이다. 특히 정상 회담을 통해서 한국과 북한은 자주, 평화, 민족 대단결의 통일 원칙을 다시 한번 확인하고, 한반도 문제 해결에서 민족 자주의 원칙을 더욱 명확하게 강조하였다. 즉 "한반도의 주인, 주인공은 남북이며 다른 국가가 아니다. 이러한 점에서 한반도 문제 해결에는 남북의 공동 노력이 필요하다. 이런 주인 의식은 문제 해결의 기초이며, 힘의 원천이다."[77]라는 사실을 천명한 것이다.

남북 정상 회담에서 강조한 민족 자주성에는 양측이 외부 힘의 개입과 간섭을 줄이는 공동 노력을 해야 한다는 뜻이 숨겨져 있다. 북한 조선 최고인민회의 상임위원장 김영남이 "이번 북남 정상 회담은 본 민족의 자주적 문제 해결의 길을 진지하게 탐색하는 과정이었고, 서로 마음의 곡절을 풀었다는 점에서 민족 단결을 보여 주는 자랑할 만한 일이다."라고 한 것과 같은 맥락이다.[78] 한반도 남북의 통일 문제에 대해서 김대중 정부가 제시한 연합제와 북한이 주장한 '낮은 단계의 연방제'는 유사점이 많다. 이에 양측은 서로 노력하여 추진하기로 했다.

'6. 15 선언'이 발표된 후, 남북 관계는 빠르게 발전하였다. 양측은 장관급 회담과 특사 상호 방문 시스템을 가동하여 적대를 해소하고

---

77 한진섭(韩镇涉), 「朝韩关系突破冲击地区格局(남북 관계가 위험 국면을 돌파하다)」, 『当代韩国』 2000년 제3기, p. 3 참조.

78 황하이민(黄海敏), 리청위(李拯宇), 「金大中离开平壤返回汉城(김대중이 평양을 떠나 서울로 돌아 오다)」, 『人民日报(海外版)』 2000年 6月 16日, 第2版.

화해를 촉진하는 방법에 대해서 토론하는 한편, 인문 사회 교류 및 경제 협력 등 다방면에 걸쳐 새롭게 교류를 시도하여 한국의 대북 투자 항목이 대폭 증가하였다. 또한 남북의 도로, 철도 연결 사업에 대해 합의를 달성하였으며, 후임 한국 정부가 남북 관계 개선을 추진하는 데 토대가 될 견실한 기초를 다졌다.

남북 정상 회담은 우호적인 화해 협력의 분위기를 조성하였고, 양국 관계 개선의 돌파구를 마련하여 한반도 긴장 국면을 한층 완화하였으며, 한반도 평화 통일 실현을 가능하게 하였다. 이는 동북아시아 및 아시아 태평양 지구의 평화와 안정을 위한 적극적인 공헌이었다.[79] 김대중 대통령 본인 역시 이로 인해 노벨 평화상을 수상하게 되었다. 그러나 남북 정상 회담의 효과가 얼마나 지속할 수 있는지에 대해 중국 학술계는 적지 않은 우려를 표했다. 어떤 학자는 남북 관계의 역사를 분석하며 이번 남북 정상 회담의 실현은 남북 관계 발전의 긴 과정 중 하나일 뿐이라고 주장했다. 이번 정상 회담 후, 만약 휴전선에서 다시 한번 돌발적인 사건이 발생한다면, 따뜻했던 남북 관계는 순식간에 식어 버리고, 이미 합의한 각 협의서도 이행하기 어려워질 것이며, 사람들 역시 당연하게 생각할 것이라 주장했다.[80] 그럼에도 불구하고 남북 정상 회담은 남북 관계 발전에 있어서 결정적인 한 걸음을 내딛은 사건이며, 이후 한국 정부의 대북 정책을 추진

79 천롱산(陈龙山), 「朝韩历史性峰会的前景及意义展望(남북 역사적 정상 회담의 앞날과 의의 전망)」, 『东北亚论坛』 2000年 第2期, p. 35 参조.

80 장리엔구이(张琏瑰), 「朝鲜半岛峰会议题和前景(한반도 정상 회담의 의제와 앞날)」, 『中国党政干部论坛』 2000年 第6期, p. 45 参조.

할 때 유익한 귀감이 된 것은 사실이다.

전체적으로 김대중 정부의 '햇볕정책'은 일관된 원칙을 지켰고, 유연한 방식으로 세밀히 대처하여 한반도 남북 관계를 완화시키는 데에 중요한 기능을 했다. 김대중 정부 시기에 남북 양측은 제한된 범위 내에서 교류를 진행하였지만, 일부 영역에서의 협력은 확실한 소기의 성과와 발전을 얻었다. 이는 남북 양측이 오랜 기간 대치하면서 각자 이해 판단의 기초 아래 협상과 타협으로 선택한 결과이기도 하다.[81] 특히 남북 정상 회담 후, 북한은 '햇볕정책'에 대해 부정적인 입장에서 전환하여, 천천히 비교적 적극적인 협력 태도를 취했다. 이 역시 '햇볕정책'이 성과를 거둔 매우 중요한 이유이다.

비록 김대중 정부의 '햇볕정책'이 남북 관계 개선에서 큰 공헌을 하였지만, 부정적인 평가도 존재한다. '햇볕정책'의 제시와 추진 과정에서 군사 영역만은 한국의 국가 이익에 부합하지 않은 방향으로 진행되었고, 이로 인해 군사적 긴장을 감추기에 급급하다는 인상을 사람들에게 주었다. 경제 영역에서는 남북의 경제 수준의 차이가 매우 커서 '햇볕정책'이 실제로 한국의 경제적 이익에 도움을 주었는지 평가하기 어려운 부분이 있다. 또한 '햇볕정책'의 실제적 주도자는 한국으로, 미국의 이익에 큰 손해를 끼쳤고, 한미 동맹 관계는 여기서 균열이 발생했다는 의견도 있다.[82] 김대중 정부의 임기 후 이런

---

81 팡슈위(方秀玉), 「反思金大中政府的对朝政策(김대중 정부의 대북 정책 성찰)」, 『东北亚论坛』 2009년 제5기, p. 60 참조.

82 선딩창(沈定昌), 「阳光政策出台背景(햇볕정책의 제시 배경)」, 『当代韩国』 2006년 제4기, pp. 18-19 참조.

평가가 내려진 것은 자연스럽고, 설득력 또한 있지만, '햇볕정책'의 실시로 기존의 경직된 남북 관계가 현저히 개선되었으며, 한반도 정세 안정의 기초가 되었다는 것은 부인할 수 없는 사실이다.

김대중 정부는 한반도 평화 체제를 정착시키는 것을 매우 중시했다. 김대중 정부는 '햇볕정책'을 통해 북한과의 관계를 개선하려고 했고 '햇볕'이 얼어 버린 한반도 냉전 구도를 녹일 수 있으리라 기대했다. 나아가 한반도 남북 대치 국면을 근본적으로 종식시키고, 최종적으로 영구적인 평화를 실현하고자 했다. 남북 간 장기적인 냉전 대립으로 양측의 신뢰는 크게 훼손되었고, 김영삼 정부의 대북 '접촉'과 '흡수 통일' 입장을 번갈아 경험하면서 북한은 한국의 화해와 협력 정책에 대해 조심스러운 태도를 버릴 수 없었다. 앞서 말했듯이 김대중 정부의 '햇볕정책'이 추진된 초기 북한의 반응은 소극적이었고, 적지 않은 비판의 목소리가 있었다. 북한은 '햇볕정책'을 '미국의 평화 협상 전략의 변종', '흡수 통일의 모략 책동'이라고 보았던 것이다.[83]

이런 상황에서 김대중 정부는 진정한 한반도 평화를 실현하기 위해서 반드시 '햇볕정책'의 실행 범위를 확대해 전방위에서 추진해야 진정으로 한반도 평화를 방해하는 내외부적 요인을 제거할 수 있음을 인식했다. 그러나 이런 장애 요소는 한반도 냉전 구도에 깊이 뿌리 박혀 있었다.[84] 이를 고려하여 김대중 정부는 적극적으로 '햇볕정

---

83 "남조선당국의 <햇볕정책>은 불피코 북남대결과 전쟁밖에 가져올 것이 없다", 『노동신문』, 1999년 8월 18일.

84 비잉다(毕颖达), 「金大中政府的"朝鲜半岛冷战结构解体构想"(김대중 정부의 "한반도 냉전 구도 해체 구상")」, 『韩国研究论丛』 2014년 제2기, p. 47 참조.

책'을 추진함과 동시에, '한반도 냉전 구도를 해체하는 구상'을 제시하였다. 이 구상의 내용은 다음과 같다.

첫째, '햇볕정책'의 3대 원칙에 입각하여 남북 대치 국면을 화해, 협력 상태로 전환하는 것을 노력한다. 둘째, 미국, 일본의 대북 관계 개선을 추진하여 협의서 내용을 충실히 이행하여 관계 정상화를 실현한다. 셋째, 군축 물자를 통제하여 한반도에서 대량 살상 무기를 제거한다. 넷째, 한반도 정전 협상을 평화 체제로 전환하여 '사실상의 통일'을 실현하는 것을 노력한다.[85] '한반도 냉전 구도를 해체하는 구상'의 내용을 통해 김대중 정부가 제도적인 한반도 평화 시스템 구축을 중시했음을 알 수 있다.

김대중 정부는 한반도 남북 관계 개선을 최우선 순위에 두었다. 남북 관계는 한반도 냉전 구도의 잔여물 중 내적 핵심 요소이며, 이를 개선하는 것은 한반도 평화 정착 여부를 결정하는 핵심 변수이다. 즉, 남북 관계 안정은 한반도 평화 구축의 전제이자 기초이다. 김대중 정부는 이에 대해 정확히 파악하고 있었고, 이는 김대중 정부가 한반도 평화 구축을 '햇볕정책'의 궁극적 목표로 설정한 근원적인 이유였다. 이 구상은 남북이 각각 내부적으로 냉전 사고를 버리고, 각자의 냉전 구도 해체 시스템을 구축하여 소위 '적화 통일', '흡수 통일' 등의 개념을 버리고, 상대방을 하나의 합법적인 정치 체제로 진심으로 인정하는

---

85 대통령비서실 편, 『김대중대통령 연설문집』 제2권, 서울: 대통령비서실, 2000, pp. 260-261 참조.

것이 주요 내용이었다.[86] 이 기초 위에서 남북 교류 협력을 펼치고 신뢰 관계를 계속 쌓아서 차근차근 남북 냉전 구도를 타파하고자 했다.

김대중 정부는 미국, 일본이 북한과의 관계를 개선하는 것을 지지하고, '한반도 냉전 구도를 해체하는 구상'의 중요한 내용인 북미, 북일 관계 정상화를 실현하기 위해 노력했다. 북미 관계에서 적대, 비정상화는 한반도 냉전 구도의 주요한 외부 요인이기 때문이다. 그런 점에서 한반도에 잔류한 냉전 구도 해체는 남북 관계 개선을 통해 이 구도의 내부적 요인만 제거한다고 가능한 일이 아니었다. 반드시 냉전 구도의 외부적 요인을 같이 제거해야 했다. 김대중 정부가 제시한 이 구상은 이러한 판단에서 나온 것이다.

북한의 대미 정책의 역사를 회고하면, 1970년대 중반부터 북한은 미국과 직접 대화하여 한반도 문제를 해결하고, 북미 관계 정상화를 실현하고자 희망했다. 이는 '한반도 냉전 구도 해체 구상'이 실행되는 데 도움을 주었다. 김대중 정부는 북미, 북일 정상화를 추진하면서 미일의 직접 대화, 관계 개선을 지지하였고, 반드시 '서울'을 경유할 필요가 없다고 밝혔다. 이는 이전의 한국 정부와 확실히 다른 입장이었다.

역사적 사실이 그러하듯이 김대중 정부 중·후기에 북미 관계와 북일 관계는 신속한 발전을 이루었으며, 이는 김대중 정부의 노력이 작용한 결과였다. 미국 부시 정부가 출범하는 시기에 김대중 정부는

86 비잉다(毕颖达), 「金大中政府的"朝鲜半岛冷战结构解体构想" (김대중 정부의 "한반도 냉전 구도 해체 구상")」, 载『韩国研究论丛』 2014년 제2기, p. 49 참조.

다시 한번 미국에게 대북 관계 개선을 요청하였다. “미국의 신정부가 남북 관계와 북미 관계에서 발전을 이룬 후 적극적으로 북미 공동 관심 사항을 해결하여, 관계 정상화를 실현하기를 희망한다.”라고 김대중은 말했다.[87]

군비 축소와 대규모 살상 무기를 제거하는 것은 한반도 평화를 확보하는 중요한 조건이다. 한반도 냉전 대치의 수십 년간 양측은 부단히 군사 장비를 강화하였고, 한반도는 냉전 후 세계에서 군사적 배치가 가장 밀집되어 있는 지역이 되어 ‘동방의 화약고’라는 별명이 붙었다. 이런 군사 장비들은 한반도 평화의 직접적인 위협 요인이었고, 한반도 국면을 높은 위기 상태로 처하게 하였다. 특히 북한이 핵무기 개발 등의 움직임을 보이자 불안감은 가중되었다. 무력 행위는 김대중 정부의 ‘햇볕정책’의 실천을 저해했고, 남북 관계의 신뢰 구축에 도움이 되지 않았다. 그리하여 김대중 정부의 입장에서 군비 축소와 대규모 살상 무기 제거를 진행하는 것은, 한반도 냉전 구도를 해체하고 ‘적극적인 평화’를 실현하는 점에 있어서 필수적인 과제였다.

장기적인 제재와 고립을 당한 북한의 경제는 나날이 힘들어졌다. 이는 한반도 국면 불안정의 근원이었으며, 이 근원을 제거하는 것은 매우 중요했다. 김대중은 남북 관계 및 북미, 북일 관계 개선을 통해 북한이 느끼는 외부적인 위협 수위를 낮추고, 더 많은 힘을 경제 발전에 쓸 수 있을 것으로 전망했다. 또한 경제 발전을 통해 북한이 더

---

87 가오하오롱(高浩荣), 「金大中希望早日举行半岛四方会谈记(김대중은 한반도 4자 회담이 조속히 성사되길 바란다)」, 『新华每日电讯』 2000년 12월 19일, 第006版.

빨리 국제 사회에 편입하고, 고립과 제재로부터의 곤경에서 벗어날 것으로 보았다.

한반도 냉전 구도를 제도적으로 해체하고, 한반도 평화 체제를 온전히 구축해야 지속적인 안정과 평화를 실현할 수 있다. 이에 김대중 정부는 계속하여 4자 회담을 추진하여, 임기 내 다섯 번의 회담을 주최하였다. 여기서 김대중은 한반도 정전 체제를 평화 체제로 전환하는 것을 집중적으로 토론하였고, 다자의 틀 안에서 남북, 북미 양자 대화를 실현하여 한반도 긴장 국면을 어느 정도 해소하였다. 그러나 북미의 입장이 첨예하게 대립하였고, 남북 정상 회담 후, 김대중 정부의 민족 자주 해결을 매우 강조한 태도는 4자 회담을 추진하는 타국의 의지를 약화했다. 결국 4자 회담은 실질적인 성과를 거두지 못했다. 그렇지만 이것은 한국 전쟁의 네 주요 당사국이 다변 협상의 방식으로 한반도 평화 체제를 협상하는 첫 번째 시도였으며, 문제 해결의 아이디어와 방법을 개발하여 이후 다변 안전 협상으로 한반도 문제를 처리하는 방식의 기초를 마련했다. 종합하여 본다면, 김대중 정부의 노력은 남북 관계, 북한과 미국, 일본의 관계에서 동시에 긍정적인 발전을 이루는 시기를 만들어 냈다.

그러나 '한반도 냉전 구도 해체 구상'의 다섯 가지 내용에는 밀접한 내재적 관련성이 있었고, 어느 한 방면의 성과만으로 냉전 구도를 진정으로 해체할 수 없었다. 특히 한반도 정전 상태를 멈추고, 평화 체제를 구축하는 방면에서 북미는 핵심적인 문제에 대한 첨예한 원칙적 입장 대립이 있었고, 상대방의 목표를 자국의 전제 조건으로 내세울 수 없는 곤경에 처하여, 한반도 평화 체제를 구축하기 위한 4자 회담은 진전을 이루지 못하였다. 결국 한때 긍정적인 방향으로 발전했던 북미 관계도 제도화까지 이끌어 내지 못하였다. 특히 미국 부시 정권의 탄생으로 북미 관계 개선을 위해 필요한 정책이 빠른 속도로 사라져, 남북 관계 개선에 입각하여 한반도 외부적 냉전 구도를 해체하려는 노력은 불가피하게 좌절을 겪게 되었다. 북미 관계의 악화로 대량 살상 무기 문제가 다시 대두되었고, 북한의 제재와 고립 상황은 한층 더 악화되었다. 이런 상황은 남북 관계 개선의 부정적 요인으로 작용했다. 그리하여 '한반도 냉전 구도 해체 구상'은 한반도 문제 해결의 좋은 방안이었음에도 현실 국제 정치라는 벽에서 불가피하게 취약점을 드러낼 수밖에 없었던 것이다.

김대중의 '햇볕정책'은 명확히 한반도 남북 관계를 완화하였고, 한반도 평화를 위한 노력도 가시적인 성과를 거두었다. 그러나 북미 관계가 다시 한번 경직되고, 김대중 정부 말기에 '연평해전' 같은 사건이 연이어 발생하면서 '햇볕정책'은 보수파로부터 점점 비판을 받기 시작했다. 김대중 정부의 지지율도 큰 폭으로 내려갔다. 김대중 이후 노무현 대통령은 대북 화해 기조를 계승해 교류와 협력을 추진하고, 남북 관계의 큰 틀을 개선하여 '햇볕정책'을 지속시켰다.

그러나 이명박과 박근혜 집권기 동안 대북 정책에 중대한 조정이 이루어져 힘으로 누르거나 교류를 제한하는 방향으로 전환되었다. 남북 관계는 또다시 경직되었다. 문재인이 대통령에 당선된 후, 다시 대북 정책이 김대중과 노무현 집권기의 정책 방향으로 돌아왔고, 남북 교류가 회복되었다. 그러나 윤석열이 당선된 후 한국의 대북 정책은 다시금 강경한 대응 쪽으로 전환되어, 핵무기를 보유한 북한 또한 강대강 전략을 취하고 있다. 남북 교류는 기본적으로 중지되었고, 한반도 내에서는 군사 도발이 발생할 위험도가 높아졌다.

역사적인 각도에서 본다면, '햇볕정책'의 의의는 이 정책으로 한국 정부와 국민들이 북한에 대한 인식과 태도를 바꾸었다는 점이다. 즉 북한을 혐오하고 멸시하던 과거의 태도가 포용과 동정으로 바뀌었다. 또한 어떻게 흡수하여 북한 정권을 관리할 것인지 고민하던 사고에서, 어떻게 공동 번영을 누릴 수 있는지에 대해 탐색하는 쪽으로 사고의 전환이 이루어졌다. 김대중이 집권하는 동안, 한국 사회의 북한에 대한 포용 여론이 크게 늘어나 북한에 대한 이해와 동정으로 이어졌고, 더 이상 그들을 괴물로 바라보지 않게 되었다. 이러한 인식의 전환은 남북 관계 발전에 기초가 되었다.[88]

현실적으로 김대중이 창시하고 실시한 '햇볕정책'의 성과는 매우 제한적이었다. 첫째, 한반도는 '냉전의 그늘'에서 벗어나지 못하였고, 미국의 대북 정책 기조를 바꾸지 못하였다. 둘째, 이미 오랫동안 지속된 남북 분단으로 남북 간 차이는 더욱 벌어졌고, 민족 감정은 정치와 안보 이슈, 이데올로기에 의해 약화되었다. 셋째, 한국 정치계는 대북 정책에 있어서 심각하게 분열되어 있어서, 정권 교체에 따른 정책 전환으로 남북 정책은 연속성을 갖추기 어려웠다. 그만큼 남

88 장리엔구이(张琏瑰), 「解读金大中时代(김대중 시대를 읽다)」, 『世界知识』, 2003년, p. 12 참조.

북 관계는 안정의 기초가 결핍되어 있었다. 이는 '햇볕정책'의 이상이 실행 과정에서 겪은 현실적인 제약과 저항에서 확인할 수 있다.

## 4. 퇴임 후의 김대중

2003년 2월 24일 김대중 대통령은 임기를 마친 후 청와대를 떠났다. 그러나 강렬한 민족 정서를 가진 민주 투사로서 그는 민족의 화해와 협력을 위한 노력을 멈추지 않았다. 여전히 한반도 평화와 민족통일을 위해서 적극적으로 힘을 보탰다. 아울러 그의 '햇볕정책'의 정신은 그의 퇴임으로 끊어지지 않고, 후임 노무현 정부로 이어져 발전을 이루었다.

퇴임 후에도 김대중은 민족 화해의 발걸음을 멈추지 않았고, 여전히 남북 관계 개선을 위해 노력하였다. 앞서 언급했듯이, 한반도 남북 관계 개선으로 평화 공존을 실현하고, 이를 기초로 자주적인 민족통일 실현 방법을 모색하는 것은 김대중 일생의 숙원이었다. 청와대를 떠난 후, 김대중은 아태재단의 건물과 사료를 연세대학교에 기증하여 김대중도서관이 건립되도록 했고, 김대중평화센터를 설립하여 이러한 인프라를 통해 남북 화해와 협력을 추진하고자 했다.

퇴임 후, 김대중은 노무현 정부의 대북 정책을 적극적으로 지지했다. 노무현 정부의 대북 정책 실행에 김대중은 아낌없는 지지를 보냈고, 공개 연설이나 국내외 회견에서도 남북 관계 개선의 의지를 반복하여 강조했다. 2003년 11월 3일 김대중도서관 개관식에서 김대중은 당시 노무현 정부의 대북 정책을 높이 평가하고, 명확한 지지의 입장을 표했다. 그는 노무현 정부의 한반도 평화 및 남북 협력 정책이 더욱 성공하기를 희망하며, 이를 지지해 주어야 한다고 역설했다. 당시 참석했던 노무현 대통령은 김대중의 정치적 성과를 높이 평가하면서 "역사는 김대중 대통령의 민주주의, 평화, 통일에 대한 열정과 공헌을 영원히 기억할 것이다."라고 화답했다.[89]

노무현 정부의 경의선 철로 연결 프로젝트를 지속적으로 추진하는 것에 대해서, 2004년 6월 10일 김대중은 문화일보와의 인터뷰를 통해 다시 한번 자신이 제안한 '철의 실크로드' 구상의 중대 의의를 밝혔다. 그는 "철도와 도로는 국경을 넘어 대륙을 가르고 유럽까지 가야 합니다. 이를 통해 남북한은 더욱 우호 관계를 유지할 수 있습니다."라고 말한 뒤, "한반도 문제의 주체는 우리들입니다.", "한반도 평화는 미국이나 우리에게 모두 좋은 일입니다."라며, 자신의 생각을 강조했다.[90]

김대중의 이러한 의사 표시는 다시 한번 남북 당사자가 자주적으로 문제를 해결해야 한다는 원칙적 입장을 강조한 것으로, 한편으로는 북한에게 노무현 정부의 평화 번영 정책에 대한 적극적인 응답을 촉구한 행동이고, 다른 한편으로는 대북 정책에 있어서 강경 일변

---

89 김대중도서관, "김대중 생애", https://www.kdjlibrary.org/president/yearbook?fullScreen=true (검색 일: 2022.06.16.)

90 김대중도서관, "김대중 생애", https://www.kdjlibrary.org/president/yearbook?fullScreen=true (검색 일: 2022.06.16.)

도인 미국 부시 정권에게 이해와 지지를 희망한 행동이었다. 북한이 1차 핵 실험을 한 후 금강산 관광 프로젝트와 개성 공단 프로젝트에 관한 이견이 제기되었다. 이에 대해 김대중은 노무현 정부의 대북 교류 협력 정책을 과감히 지지하며 나섰다. 그는 "금강산 관광과 개성 공단 프로젝트는 우리의 안보에 긍정적인 역할을 한다.", "북한의 경제 발전은 남북이 공동으로 이익을 얻는 윈윈 협력 관계이다."라고 강조했다.[91]

김대중은 남북 관계 개선을 위해 건설적인 의견을 연이어 내놓았다. 노무현 정부의 적극적인 대북 정책 추진 과정 중에서 김대중은 통일부 및 기타 정부 기관의 고위 관료를 자주 접견했고, 남북 관계 진전 상황을 듣고 자신의 의견을 적절히 제시하여, 김정일 위원장의 서울 답방을 적극적으로 추진하여 다음 단계의 남북 신뢰 관계를 확립하고자 했다. 이 과정 중에서 김대중은 다시 한번 북한 방문의 요청을 받아들였다. 남북 교류를 순조롭게 추진하기 위해서 2004년 말부터 노무현 정부는 김대중을 대통령 특사로 북한에 파견하는 것을 고민하기 시작했다. 2005년 정동영 당시 통일부 장관이 북한에 방문한 뒤 돌아와서 김대중 전 대통령에게 상황 보고를 할 때, 김대중에게 김정일 위원장의 북한 방문 요청을 전달하였다. 이런 상황에서 김대중은 대통령 특사나 정부의 부탁으로 북한을 방문하는 것은 불가하다는 뜻을 강조하고, 마땅히 개인 신분으로 북한을 방문해야

---

91 김대중도서관, "김대중 생애", https://www.kdjlibrary.org/president/yearbook?fullScreen=true (검색 일: 2022.06.16.)

하며 방북 문제를 의제화하지 말 것을 희망하였다.[92] 김대중이 개인 신분으로 북한을 방문하겠다는 의사는 정치적 민감도를 낮추어서 같은 민족으로 남북 화해와 협력을 촉진하려는 입장을 밝히려는 의도였다. 김대중은 개인 신분으로 의견과 건의를 전달해야 상대방이 더욱 쉽게 승낙할 수 있을 것이며, 물론 정부 차원에서 협상의 여지도 남기기 쉬울 것이라고 주장했다.

방북에서 집중 토론할 화제로 김대중은 명확한 생각이 있었다. 2006년 6월 14일 열린 '6. 15 공동 선언 발표 6주년 기념 대회' 개막식 연설에서 김대중은 김정일 위원장과 민족의 운명에 대해 마음을 열고 대화할 것을 밝히고, 남북 평화와 교류 협력을 지나 성공적으로 통일을 실현할 방법, 동아시아 4강 중 민족 자주를 지킬 방법, '철의 실크로드'[93] 실현 방법 등을 공동으로 토론하고자 했다. 그러나 방북 방문의 교통 방식에 대해 남북한은 서로 의견이 달랐으며, 무엇보다 북한이 미사일 발사 후 국제 사회의 비판과 제재를 받는 상황에 놓이면서 김대중의 2차 방북은 끝내 실현되지 못하였다.

그런 상황에서도 김대중의 북한에 대한 노력은 진심이었다. 북한이 1차 핵 실험을 하기 전 한반도 국면에 긴장감이 돌면서, 김대중은 제2차 남북 정상 회담을 적극적으로 촉구했으며, 시급한 문제를 해결하고자 했다. 이후 김대중은 여러 채널로 노무현 대통령의 방북을

---

92 김대중, 『김대중 자서전』, 서울: 삼인출판사, 2010, pp. 547-549 참조.

93 김대중도서관, "김대중 생애", https://www.kdjlibrary.org/president/yearbook?fullScreen=true (검색 일: 2022.06.16.)

주장했다. 김대중은 문제를 대면 회담으로 해결하고, 남북 정상 회담이라는 제도를 다시 중단하지 않기를 바랐다. 2007년 10월 노무현 대통령이 방북을 결정하였는데, 이는 김대중의 적극적인 의사 표시로 가능한 일이었다.

한반도 평화 통일의 실현은 김대중의 필생의 목표였다. 남북 관계 개선을 지속하기 위해 공헌한 동시에, 김대중은 민족 통일 문제에 대해서 쉴 틈 없이 노력하였다. 그는 한반도 통일을 실현하기 위해 끊임없이 의견을 발표하고, 방법을 제시하였다. 김대중은 한반도 남북 통일을 실현하기 위해 직면한 문제에 대해서 깊이 이해하고 있었다. 2005년 4월 8일 김대중은 당시 열린우리당 의장직을 맡은 문희상을 접견하며 "한국 외교의 근본은 한미 동맹을 적절히 관리하고, 동시에 한미일 관계와 4대국 협력 관계를 유지하는 것"이라고 밝혔다. 또한 한국 외교가 이 3개의 국제적 틀 안에서 발전해야 하며, "이는 선택의 문제가 아니라, 운명적으로 받아들이지 않으면 안 되는 현실"이라고 하였다.

한반도 통일 방식에 대해서 김대중은 남측의 '남북연합제'와 북측의 '낮은 단계의 연방제'를 유기적으로 결합하여, 통일을 위한 첫 번째 단계로 나아가야 한다고 주장했다. 2005년 12월 8일 김대중은 노벨 평화상 수상 5주년 기념식에서 한반도 통일 방식 문제에 대해서 한층 더 나아간 의견을 발표하였다.

"통일은 마땅히 평화 공존, 평화 교류, 평화 통일 3대 원칙 아래 남북 연합, 남북 연방, 완전 통일 세 단계로 추진해야 한다."[94]

김대중은 통일의 환경, 방식에 대해 독창적이면서도 현실에 부합하는 견해를 가지고 있었다. 그가 제시한 한국 통일 외교의 세 가지 핵심 틀과 통일 실현의 기본 방법은 이후 한국이 통일과 외교 전략을 세우는 데에 중요한 참고 사항이 되었다.

이명박은 대통령에 당선된 후, 노무현 정부의 대북 정책을 대폭 조정했다. 김대중은 이에 대해 끊임없이 우려의 의사를 표했고, 교류 협력으로 전환하기를 주장했다. 이명박 정부의 대북 정책 기조 조정으로 한반도 남북 관계는 비교적 큰 변화를 맞았다. 이명박 정부는 김대중·노무현 대통령의 집정 기간을 '잃어버린 10년'이라고 표현하였는데, 이에 대해 김대중은 강하게 반박하였다. 김대중은 이명박 정부의 '잃어버린 10년'과 같은 사고방식을 가장 큰 문제점으로 여기고, 이명박 정부의 "과거로 돌아가고 싶다."와 같은 의견을 비판했다.[95]

금강산 관광객 총격 사건이 발생한 뒤, 김대중은 이명박 정부에게 "이번 사건에 대해서는 현미경과 같이 자세한 조사가 필요하며, 대북 교류 협력 및 남북 관계는 망원경과 같이 더 멀리, 더 넓게 봐야 한다."라고 조언했다. 금강산 사건은 마땅히 남북 관계와 다른 문제

---

**94** 김대중도서관, "김대중 생애", https://www.kdjlibrary.org/president/yearbook?fullScreen=true (검색 일: 2022.06.16.)

**95** 김대중도서관, "김대중 생애", https://www.kdjlibrary.org/president/yearbook?fullScreen=true (검색 일: 2022.06.16.)

로 분리해서 보아야 했다.[96] 남북 관계의 발전을 촉진하기 위해 김대중은 이명박 대통령이 '6. 15', '10. 4' 두 선언에 대한 입장을 명확하게 밝혀야 한다고 건의했고, 두 선언을 이행한다는 전제 아래 총리를 특사로 북한에 파견하여 대통령의 진심을 전달하고, 남북 정상 회담을 열어야 한다고 제의했다. 그러나 이명박 정부는 김대중의 건의를 받아들이지 않았고, 계속 소위 실용주의에 입각한 고압 정책을 남북 관계에 적용했다.

한반도 정세는 긴장이 끊이지 않았고, 위기가 빈번하게 일어났다. 이에 대해 김대중은 크나큰 실망을 표했다. 2009년 6월 11일 김대중은 '6. 15 남북 공동 선언' 9주년 행사에 참석해서 당시 상황에 대해 다음과 같은 평가를 했다.

"이 나라의 정치, 경제, 남북 관계 모두 위기입니다."[97]

이명박의 대북 정책에 대해서 김대중은 기대와 바람을 가지고 여러 건의를 했다. 또한 동서독 통일의 경험을 빌려서 '햇볕' 정신을 계속 이어 나가 최종적으로 남북 평화 공존과 화해 협력의 기초 위에서 민족 통일을 실현하기를 기대했다. 그러나 결과는 크나큰 실망이었다.

한반도 남북 관계를 개선하고, 한반도 평화를 실현하는 것은 김대중의 현실적인 목표였다. 김대중이 보기에 통일의 요원함에 비해 한반도 평화 실현은 매우 실현 가능한 일이었다. 그러나 제2차 북핵 위기의 발

---

96 김대중도서관, "김대중 생애", https://www.kdjlibrary.org/president/yearbook?fullScreen=true (검색 일: 2022.06.16.)

97 김대중도서관, "김대중 생애", https://www.kdjlibrary.org/president/yearbook?fullScreen=true (검색 일: 2022.06.16.)

생으로 한때 완화되었던 북미 관계는 순식간에 긴장 상태로 돌변했고, 한반도 남북 관계도 곤경에 처했다. 이명박 정부가 취임한 이후 이런 곤경은 더욱 깊어져만 갔다.

김대중은 퇴임 후 북핵 문제의 동향에 대해 줄곧 관심을 가졌고, 또 이 문제를 해결하기 위해 노력을 아끼지 않았다. 대북 문제에 대해서 김대중의 입장은 아주 명확했다. 바로 북한의 핵무기 개발을 결코 용납하지 않는 것이었다. 그러나 핵 문제를 해결하기 위해, 김대중은 대화로 문제를 해결할 것을 일관되게 강조했다. 미국이 북한과 대화 협상할 것을 부탁하는 한편, 무력 혹은 경제 제재의 방식은 반대하고 대등 교환의 방식으로 문제를 해결할 것을 외쳤다.

2003년 8월 8일 도쿄에서 거행된 '김대중 피랍 30주년' 행사에서 김대중은 북핵 문제에 대해 자신의 입장을 명확히 밝혔다. 그가 생각하기에 북한은 반드시 핵을 포기해야 하고, 미국은 북한의 안전과 생존권을 보장해야 했다. 동시에 그는 "북한의 핵 개발은 동아시아 핵 확산을 유발할 위험이 있으며, 우리는 이 현실을 직시해야 한다."라고 강조했다.[98] 같은 해 11월 20일 도쿄 대학에서 열린 '동아시아와 한반도 평화' 연설 중 김대중은 자신의 진일보한 비핵화 입장을 밝혔다. 그는 북한이 핵을 포기해야 하며, 미국은 북한의 안전을 보장하고 북한이 국제 사회로 나아갈 수 있는 기회를 주어야 한다고 주장했다. 또 "북미가 극도의 상호 불신임으로 인해, 이 문제는 동시 병

98 김대중도서관, "김대중 생애", https://www.kdjlibrary.org/president/yearbook?fullScreen=true (검색 일: 2022.06.16.)

행하는 방식으로 해결해야 한다."라고 강조했다.[99]

이후 많은 강연에서 김대중은 반복해서 북한의 핵 개발에 대한 자신의 부정적인 입장과 비핵화에 대한 기대를 밝혔으며, 자신의 의견과 해결 방안을 제시하였다. 김대중은 "북한의 핵 개발은 남북 간의 협의 사항을 위반했을 뿐만 아니라, 한반도 평화를 중대하게 위협하였다. 북한은 반드시 핵을 포기해야 한다."라는 생각을 여러 번 밝혔다. 그러나 문제 해결 방안으로 그는 "국제 사회와의 접촉은 북한을 변화시킬 수 있고, 이는 평화 공존과 평화 통일을 실현하는 유일한 방법이다."라며 대북 강경 제재와 고립 압박을 반대했다. 더하여 "'햇볕정책' 외에는 핵 문제를 해결하는 다른 방법은 없으며, 만약 북한의 체제가 무너지면 한국은 경제, 사회적 부담을 감당할 능력이 없다."라고 주장했다. 그는 또한 "북한은 핵 포기의 열쇠를 쥐고 있고, 미국은 북한의 체제 보장과 경제 제재를 해결할 수 있는 열쇠를 가지고 있다. 양측은 마땅히 대등 교환을 해야 한다."라고 말했다.[100]

김대중의 대북 핵 문제에 대한 견해는 매우 적절했고, 핵심을 짚고 있었다. 그는 북미가 북핵 문제를 해결하는 관건 당사자이며, 핵 문제를 해결하기 위해서 양측이 동시에 행동하는 방식을 취해야 상대방의 목표가 자신의 주장의 선결 조건이 되는 곤경에서 벗어날 수 있고, 4자 회담의 실기를 다시 하지 않게 된다고 생각했다. 김대중이 '햇볕

99 김대중도서관, "김대중 생애", https://www.kdjlibrary.org/president/yearbook?fullScreen=true (검색 일: 2022.06.16.)

100 김대중도서관, "김대중 생애", https://www.kdjlibrary.org/president/yearbook?fullScreen=true (검색 일: 2022.06.16.)

정책'의 유효성을 강조한 것도 사실은 이러한 맥락에서 비롯된 것이다. 즉 북미 관계를 개선하는 일은 마땅히 북한이 핵을 포기하는 것과 동시에 진행되어야 하며, 이는 지극히 현실적인 방법이자 북미가 불신임 관계에서 상호 신뢰 관계로 전환하는 필수적인 방법이었다.

비핵화를 위해 꾸준히 의견을 제시하고, 방법을 건의하는 한편, 김대중은 때때로 미국에 대한 비판의 목소리를 냈다. 2004년 10월 7일 김대중은 미국 주한대사 크리스토퍼 힐(Christopher R.Hill)을 만나 미국이 북한을 설득할 때 중국이 필요할 뿐만 아니라, 한국의 도움도 활용해야 한다고 밝혔다. 이러한 김대중의 주장의 근거는 남북 관계가 화해 협력으로 꾸준히 발전하는 상황에서 한국도 북한에게 비교적 큰 영향력을 가지게 되었다는 점이었다. 한 걸음 더 나아가, 김대중은 한반도 문제 해결 과정에서 한국이 주도적 작용을 할 수 있기를 희망했다.[101]

'9. 19 공동 합의'가 발표된 후 한반도 비핵화는 긍정적인 흐름을 맞았지만, 미국 정부에서 신보수주의가 대두하면서 북한에 대한 여론 공격을 하는 동시에 북한의 마카오 계좌를 동결하였고, 이는 북한의 강렬한 반대에 부딪치면서 북미 관계는 급속히 경직되었다. 이에

101 김대중 대통령은 임기 중 북핵 문제를 주도적으로 해결하겠다는 입장을 명확하게 밝힌 적이 있다. 2002년 12월 26일 김대중 대통령은 청와대에서 소집한 외교 안보 회의에서 북한 핵 문제는 한반도의 중요한 문제이며, 이 문제를 해결하기 위해 한국은 반드시 주도적인 역할을 수행해야 한다고 말했다. 동시에 그는 국제 협력을 강화하여 평화적으로 이 문제를 해결해야 한다고 지시했다. 「韩国总统金大中重申将致力和平解决朝鲜核问题(한국 대통령 김대중이 평화로운 방법으로 북핵 문제를 해결해야 한다고 엄숙히 주장하다)」, 2002年 12月 26日, 中国新闻网 : https://www.chinanews.com.cn/2002-12-26/26/257754.html(검색 일: 2022년 6월 16일.)참조.

대해 김대중은 미국이 다시 한 번 합의를 지키지 않았음을 비판하면서 북미 관계가 비틀비틀 출구를 찾지 못한다고 지적하였다.[102] "북한은 대화를 간절하게 희망한다, 그러나 미국의 신보수주의자들은 중간에 벽을 쌓고 있다. 북핵 문제에 대해서 신보수주의자들은 마땅히 손을 떼야 하고 한국의 의견을 존중해야 한다."라고 김대중은 말했다. 북한이 1차 핵 실험을 진행한 후 김대중은 "과거 6년 부시 정권의 대북 강경책은 실패했다. 북한의 핵 실험은 그것이 사실임을 증명했다."라고 말했다.[103]

김대중은 시종일관 한반도 평화 유지를 핵심으로 두고 고민했고, 평화에 불리한 행동에 대해서 그는 직언을 아끼지 않았다. 그는 북한이 핵 개발하는 것을 비판하고, 북한이 반드시 핵을 포기해야 한다고 요구했다. 그는 핵 문제의 또 다른 당사국인 미국에 대해서도 동맹국의 체면을 고려하지 않고 용감히 자신의 입장을 발표했다. 2006년 9월 7일 김대중도서관에서 진행한 미국 신보수주의 문제와 관련된 인터뷰에서 김대중은 한미 동맹 관계에 대해서 자신의 의견을 말했다. 그는 "우호 동맹 관계를 유지하려면 마땅히 '안 되는 것은 안 되고, 불가능한 것은 불가능하다.'라는 말을 할 수 있어야 한다.", "미국은 마땅히 독일, 프랑스를 대하는 것같이 한국을 존중해야 한다. 한반도 문제에 있어서 한국의 발언권을 존중하는 태도를 취하는 것이

---

102 김대중, 『김대중 자서전』, 서울: 삼인출판사, 2010, p. 541 참조.

103 김대중, 『김대중 자서전』, 서울: 삼인출판사, 2010, pp. 551-554 참조.

정답이다."라고 강조했다.[104]

한반도 비핵화를 추진하는 동시에, 김대중은 한반도 평화 체제의 건설을 매우 중시했다. 김대중이 생각하기에 북미 관계의 긴장은 한반도 남북 관계 발전을 저해하는 것이었다. 이에 김대중은 퇴임 후에도 미국과 북한의 관계 개선을 꾸준히 요구했고, 한반도 냉전 구도의 해체를 실현하여 한반도의 영원한 평화를 이룩하기를 바랐다. 한반도 평화 체제 건설 문제에 대해서 김대중은 일관된 구상을 지속적으로 추진했고 남북 양측과 미국, 중국은 공동으로 전쟁 종결 상태와 평화 체제 협정을 체결해야 한다고 주장했다. 동북아시아의 다자 안전 협력을 위해서 김대중은 장관급 회담을 건의하고, 이를 기초로 미중남북 4국 정상 회의를 열어서 한반도 종전 선언과 평화 협정의 프로세스를 촉진하고자 했다. 그는 '6자 회담' 협상 제도를 매우 긍정적으로 평가하면서, '6자 회담'을 상설 기구로 격상시켜 한반도 평화와 동북아 다자 안전 협력에 도움이 되기를 바랐다.

그러나 한반도 평화 체제를 건설하는 과정에서 그는 남북이 마땅히 주체이며, 미중은 이에 대한 지지와 보장을 해야 한다고 주장했다. 그는 "한반도는 강대국 간 힘 싸움의 희생자이며, 어디에도 우리를 돕는 국가는 존재하지 않는다. 우리의 운명은 우리 힘으로 결정해야 한다."라고 거침 없이 말했다.[105] 이를 통해 한반도 평화 체제 건설

---

104 김대중도서관, "김대중 생애", https://www.kdjlibrary.org/president/yearbook?fullScreen=true (검색 일: 2022.06.16.)

105 김대중도서관, "김대중 생애", https://www.kdjlibrary.org/president/yearbook?fullScreen=true (검색 일: 2022.06.16.)

에 있어서 김대중의 눈에는 남북 관계를 개선하는 것이 가장 핵심적인 요소이고, 북미 관계는 매우 중요한 외부 요소이며, 강대국의 지지는 없어서는 안 되는 필수 조건이었음을 알 수 있다.

## 5. 김대중과 중국

김대중은 중국에 매우 깊은 정을 느끼고 있었고, 한국의 발전을 위해 중국과의 관계를 중시해야 한다고 줄곧 생각했다. 1961년부터 김대중은 중국이 유엔에 가입하는 것은 세계적인 추세이며, 한국은 마땅히 이를 수긍하는 입장에서 적절한 외교 정책을 펼쳐야 한다고 생각했다.[106] 1964년 10월 26일 국회 연설에서, 김대중은 한국 외교의 방향에 대한 자신의 견해를 밝히면서 "중국의 흥기와 유럽 내부 사회의 사회주의 진영이 지속적으로 강해지는 국제 정세 아래, 마땅히 효과적인 대응을 해야 하며, 정부는 강경한 반공주의에 기초한 외교 노선에서 수정해야 한다."라고 말했다.[107] 이후 많은 자리에서 김대중은 중국의 한반도 평화에 대한 역할의 중요성과 한반도 문제에서 중국의 협력을 강조했다. 1980년대 김대중이 다시 정계에 나선 후, 중국과의 관계 발전 문제에서 더욱더 명확하게 중국과 수교하겠다는

106 김대중도서관, "김대중 생애", https://www.kdjlibrary.org/president/yearbook?fullScreen=true (검색 일: 2022.06.16.)

107 김대중도서관, "김대중 생애", https://www.kdjlibrary.org/president/yearbook?fullScreen=true (검색 일: 2022.06.16.)

입장을 밝혔다. 1988년 6월 29일 김대중은 국회 회의 발언 중 “중국은 우리와의 통상 관계 문제에서나, 한반도 평화 문제에 있어서 매우 영향력 있는 나라이다. 중국과의 관계를 개선하려면 반드시 우리와 대만과의 관계를 조정해야 하고, 이는 늦춰서는 안 된다.”[108]라고 말했다. 1990년 12월 그는 『평화와 민주 건설』이라는 책의 중문판 서문에서 다시 한 번 한중 협력의 필요성과 의의를 강조했다. 김대중은 중국과의 수교가 한국의 지리적 정치 환경과 한반도 및 중국의 역사와 현실 등 다중적인 각도에서 고려되어야 한다고 주장했다. 경제 협력으로 경제적인 이익을 얻을 수 있는 것 외에도, 그는 중국의 북한에 대한 영향력을 강조하면서 중국이 한반도 평화 유지 문제에 있어서 적극적으로 역할을 수행할 것을 기대했다.

한중 수교 후 대통령에 당선되기 전까지, 김대중은 여러 번 중국을 방문했다. 중국의 고위직 관료 및 학자들과 대화하면서 중국의 한반도에 대한 중요한 역할을 반복하여 강조했다. 1994년 11월 4일 김대중은 중국 공산당 중앙 대외 연락부장 리수정(李淑铮)과의 회담에서 남북 간의 모순과 대립을 제거하는 부분에서 중국이 조정자와 파트너 역할을 할 수 있기를 희망한다는 뜻을 밝혔다.[109] 중국 사회과학원 방문에서 발표한 연설에서 김대중은 한중 관계에 대해 높은 기대를 하면서 양국은 마땅히 공존공영의 관계를 발전해야 한다고 주장

---

**108** 리진쩌(李金泽), 정민홍(郑民泓), 『韩国总统金大中传(한국 대통령 김대중 평전)』, 北京: 新华出版社, 2001년 8월, p. 303 참조.

**109** 김대중도서관, “김대중 생애”, https://www.kdjlibrary.org/president/yearbook?fullScreen=true (검색 일: 2022.06.16.)

했다. 어떠한 적대적 대립이나 이기적 태도를 취해서도 안 되며, 양국 관계가 경제 협력에만 국한되지 않고 정치, 군사 방면에서도 충분히 교류를 진행하여 서로 의심하지 않는 우호 인접국이 되어야 한다고 했다.[110]

김대중의 정치적 탁견과 실용적인 태도는 중국인들에게 강렬한 인상을 남겼고, 중국 여론의 주목과 호평을 받아서 중국에서 지명도 높은 한국 정치가가 되었다. 1970년대에 중국 정부와 사회는 김대중을 주목했다. 1970년대 김대중이 정치적 박해를 받을 때 중국의 여론은 김대중을 지지했고, '박정희 정권이 한국 유명 정치인 김대중에 대해 형을 가한 것'에 대해 강력히 비판했다.[111] 이후 중국 정부와 중국 국민은 각종 신문 기사와 평론을 통해서 김대중을 적극적으로 지지했고, 한국 군사 독재 정부의 김대중에 대한 정치적 박해를 비판했다. 1980년 전두환 정부가 김대중에게 사형 선고를 내렸다는 소식이 전해지자, 『인민일보』는 연속하여 16편의 관련 기사와 평론가의 글을 통해 "최종 승리는 반드시 명예롭게 투쟁하는 한국 국민들이 차지할 것이다.",[112] "전두환 집단은 마땅히 벼랑 끝으로 가는 말을 돌려야 한다. 김대중 등 한국의 애국지사들에 대한 불법 재판을 즉각 정지하고 무조건적인 석방을 해야 한다.",[113] "만약 전두환이 계속 미

110 리진쩌(李金泽), 정민홍(郑民泓), 『韩国总统金大中传(한국 대통령 김대중 평전)』, 北京: 新华出版社, 2001년 8월, p. 307 참조.

111 『人民日报』 1976年 8月 30日.

112 『人民日报』 1980年 5月 21日.

113 『人民日报』 1980年 9月 14日.

혹되어서 김대중을 죽일 것을 고집한다면, 그는 예전의 실수를 반복하는 것이며 치욕스러운 멸망으로 마칠 것이다."라며 김대중 등 진보 인사를 적극적으로 지지했다.[114] 아울러 김대중의 민주 투쟁에 대해서 다음과 같이 긍정적인 평가를 했다.

"그는 줄곧 '일인 독재 체제'를 폐지할 것을 주장했고, '사회 민주'를 실현하여, 북한과의 평화 통일을 조속히 실현할 것을 요구했다. 9년 전 남한이 '대통령 선거'를 거행할 때, 김대중은 공개적으로 박정희의 파시스트적 독재 정치를 공격했다. 박정희가 총에 맞아 죽은 후, 김대중은 한국의 '민주주의와 민족 통일을 위한 국민 연합'의 공동 의장으로서 전 대통령 윤보선, 종교계 함석헌 선생 등과 함께 '긴급 계엄령'의 위협을 두려워하지 않고 성명과 담화를 발표했다. '유신 헌법 폐지', '공장 근로자, 농민 등 노동자들의 생존권' 등을 주장하며 '박정희 심복 인사의 사직'을 요구했다. 김대중 등 책임자들이 제시한, 위와 같은 합리적인 주장은 남한 각계 인사들의 자유, 민주와 국가 통일을 요구하는 간절한 소망이며, 수많은 국민들에게 열렬한 환영을 받았다."[115]

『인민일보』는 중국 정부의 가장 권위 있는 관점을 대표한다. 김대중에 대한 보도와 평론이 한꺼번에 쏟아진 이 사건은, 지금까지 중국 여론이 한국 당대 정치가에게 표한 가장 집중적인 '지지 공세'이며, 중국 여론이 세계 민주 인사에게 공개 지지한 역사 가운데 극히

114 『人民日报』1980年 9月 19日.

115 『人民日报』1980年 7月 27日.

희소한 사례이다.[116] 장기적인 단절이 있었던 한중 관계에서 중국 여론이 김대중을 지지한 데에는 다중적인 고려가 있었을 것이다. 냉전 대립 환경에서 한중 양측 여론 대립의 문제 외에도 김대중의 중국에 대한 객관적이고 실용적인 인식 및 중국 관계 개선의 주장 등이 중국이 김대중을 공개 지지한 중요한 이유일 것이다.

1998년 2월 25일 김대중은 한국 대통령에 취임했다. 중국과의 관계 발전은 한국 외교의 중요한 사항이었다. 김대중에게 한중 관계는 대외 관계 중 특별히 중요한 위치였다. 그는 중국이 한반도 정세 안정 문제에 있어서 남북 관계 개선과 한반도 평화 체제 건설을 돕는 등, 중요한 역할을 수행할 수 있다고 보았다. 같은 해 2월 11일 김대중은 당선 후 즉시 자민련 총재 김종필을 중국으로 파견하여 장쩌민 주석에게 친필 서신을 전달하고, 한중 관계 발전의 의지를 강조하며 장 주석의 방한을 요청했다. 4월 2일 김대중 대통령은 당시 중국 총리 주룽지와 회담하면서 중국이 한국을 관광구로 지정하는 것을 희망하였고, 주룽지 총리는 이에 대해 긍정적인 입장을 표하면서 한국이 금융 위기를 극복하는 것을 적극적으로 돕겠다는 의사를 밝혔다. 4월 28일 김대중 대통령은 당시 중국 국가 부주석 후진타오와 회견하면서 양국의 협력 방안을 깊이 토론하고, 공동의 노력으로 한중 관계를 아시아 태평양 지역의 모범 협력 파트너로 발전시킬 것을 강조했다.

1998년 11월 11일 김대중 대통령은 중국을 방문하였고, 양국 정상

116 리진쩌(李金泽), 정민홍(郑民泓), 『韩国总统金大中传(한국 대통령 김대중 평전)』, 北京: 新华出版社, 2001년 8월, p. 311 참조.

회담에서 한중 양국은 양국 관계를 21세기 협력 동반자 관계로 격상했다. 중국 국가 주석 장쩌민은 김대중 정부의 '햇볕정책'을 높이 평가했고, 김대중 정부가 추진하는 남북 화해와 협력, 자주 평화 통일에 대한 노력에 대해 적극적인 지지를 표했다.[117] 이후의 수 차례 한중 정상 및 고위급 회담에서 김대중 정부의 '햇볕정책' 및 한반도 평화를 위한 노력에 대해서 중국은 시종일관 긍정적인 평가를 표했다. 특히 남북 정상 회담 후에 장쩌민 주석은 다음날 김대중 대통령에게 축전을 보내어 남북 정상 회담이 "역사적 의의가 있는 중대한 사건"이며, "한반도 양측의 관계 개선은 양측의 이익과 한민족의 공동 소원에 부합한다."라고 그 의의를 강조했다. 또한 해당 회담이 "양측의 상호 이해와 신뢰를 증진할 것이며, 양측이 모든 영역에서 교류와 협력을 촉진하여서 최종적으로 한반도 자주 평화 통일을 실현하는 좋은 시작이 될 것이다."라며 큰 기대를 표했다.[118]

2000년 10월 18일 당시, 중국 총리 주룽지는 한국 대통령 김대중과 청와대에서 회담하면서 "김대중 대통령과 김정일 위원장은 정치가의 탁견으로 남북 국민의 뜻을 순응하여 성공적으로 정상 회담을 거행했고, 반 세기 이상 연속된 한반도 긴장 국면이 명확하게 완화의 분위기로 바뀌었다. 이는 한반도 남북 양측의 근본적인 이익일 뿐만 아니라 아시아 태평양 지역의 평화와 안정에 이익을 주며, 한반도의 이웃이

---

117 『人民日报』1998年 11月 13日.

118 「江泽民分别致函金正日和金大中(장쩌민이 김정일과 김대중에게 각각 축전을 보내다」, 『新华社每日电讯』, 2000년 6월 17일, 第001版.

자 여러분의 친구로서 중국은 이 역사적인 성과에 대해 높은 칭찬을 보낸다."[119]라고 자신의 생각을 밝혔다.

정치 외교 영역에서 긴밀히 교류하는 것 외에도 한중 양국은 군사 교류를 꾸준히 강화하고, 안보 영역에서도 일정한 협력을 진행했다. 김대중 집권 기간 동안 한중 국방부는 밀접하게 교류하였고, 지역의 핵심 이슈에 대해서 적극적으로 토론했다. 중국이 관심을 가지는 미국 미사일 방어 시스템 건설 문제에 있어서 김대중 정부는 한반도 평화 안정 및 지역 국제 관계의 측면에서 미국의 미사일 방어 시스템에 속하지 않고 싶었으나, 한미 동맹 관계를 고려하여 반대를 표할 수 없었고, 그런 점에서 이 문제에 대해 매우 신중한 입장을 유지했다. '지지 혹은 반대'의 명확한 입장을 표하지 않았고, "미국의 입장을 이해한다."[120]라는 답변을 내놓으며, 동시에 미국에게 '타국과 긴밀히 협상할 것'을 요구했다.[121] 김대중 정부의 입장이 한중 관계의 안정과 발전에 있어서 큰 도움이 된 것은 명확하다. 특히 2차 북한 핵 위기가 발생한 후 김대중 정부는 북한을 비판하는 동시에 미국 부시 정권이 북한에게 가한 '특별 억제' 전략에 대해 반대했고, 평

---

**119** 왕샤오후이(王晓晖): 「朱镕基与金大中举行会谈(주룽지와 김대중이 회담하다)」, 2000년 10월 18일, 中国新闻网: https://www.chinanews.com.cn/2000-10-18/26/51379.html(검색 일: 2022年 7月 8日.)

**120** 리진쩌(李金泽), 정언홍(郑恩泓) ,『韩国总统金大中传(한국 대통령 김대중 평전)』, 新华出版社, 2001년 9월, pp. 296-297 참조.

**121** 동즈신(董志新): 「韩国总统金大中对美国导弹防御系统计划表示理解(한국 대통령 김대중이 미국 미사일 방어 시스템 계획에 대해 이해를 표하다)」, 2001년 5월 9일, 新浪网: https://news.sina.com.cn/w/248031.html (검색 일: 2022년 6월 14일.)

화롭게 북핵 문제를 해결해야 한다고 목소리를 높였다.[122] 북핵 문제에 대응하는 데 있어서 김대중 정부의 입장은 대화로 해결해야 한다는 중국의 입장과 상당히 일치했고, 이는 '6자 회담'에서 한중 양국이 긴밀히 협력하는 데 중요한 토대가 되었다.

중국이 김대중 정부의 '햇볕정책'을 높이 평가하고, 이에 대해 적극적인 지지를 표한 근본적인 이유는 이 정책의 최종 목표가 중국의 한반도 정책 원칙과 매우 유사했기 때문이다. 한반도 정책에 있어서 중국은 '한반도 평화와 안정 유지', '남북 자주 평화 통일의 지지'라는 원칙을 일관되게 유지했다. 그리고 김대중 정부의 '햇볕정책'은 한반도 남북 관계 개선을 통해 한반도 평화와 안정을 실현하고, 이것을 기초로 해서 자주 평화 통일로 나아가는 것을 목표로 삼았다. 두 정책은 명백하게 상당 부분 일치했으며, 이에 대해 중국은 지지를 표하지 않을 이유가 없었다.

이러한 고려에 기초하여, 중국은 김대중 정부가 추진한 한반도 냉전 구도 해체의 노력에 대해서 적극적으로 긍정을 표하며, 비교적 큰 지지를 보냈다. 특히 북한 핵무기 개발 등, 대량 살상 무기 문제에 대해서 중국은 한반도 비핵화 원칙을 일관되게 유지했고, 대화 협상을 통해 문제를 해결하고자 했다. 앞서 말했듯이 이 문제에 대해서 김대중 정부는 대화로 문제를 해결할 것을 적극적으로 주장하며, 제재나

---

122 「韩总统金大中反对美国对朝实行"特别遏制"战略(한국 대통령 김대중이 미국의 대북 "특별 억제" 전략을 반대하다)」, 2002년 12월 31일, 新浪网: https://news.sina.com.cn/w/2002-12-31/075024578s.shtml (검색 일: 2022년 6월 14일.)

무력으로 문제를 해결하려는 것을 반대했다.[123] 여기서도 한중 양국이 이 문제에 대해서 상당히 유사한 인식을 갖고 있었음을 알 수 있다. 또한 김대중 정부는 미북, 북일 관계를 개선하기 위해 노력했다. 이러한 노력은 한반도 냉전 구도를 해체하고, 동북아시아 지역의 평화 안정을 유지할 수 있다는 점에서 중국의 이익에 부합했고, 이에 중국의 적극적인 지지를 얻었다.

중국은 WTO에 가입한 후, 대외 개방과 확대를 한층 더 적극적으로 추진했고, 중국의 시장 경제를 건설하기 위해 전력을 다했다. 이런 상황에서 주변의 불안정 요소를 제거하고, 안정적인 외부 환경을 조성하는 것은 매우 필요한 일이었다. 한반도 평화 체제를 구성하는 방면에서 중국은 적극적으로 한반도 평화 체제의 4자 회담에 참가하였고, 유연한 방식으로 미북, 남북 간의 입장 차이를 조절하였으며, 의제 선정 과정에서도 건설적인 기능을 발휘하였다.

중국은 한국과 함께 '긴장 완화'와 '평화 체제' 두 그룹의 결성을 추진하여, 한반도 평화 체제의 틀에 대한 심도 있는 토론을 진행했다. 이 과정에서 4자 회담은 여러 차례 곤경에 빠졌지만, 중국은 김대중 정부와 긴밀히 소통하며, '평화 권유 담화 촉구'의 기능을 적극적으로 발휘하여 4자 회담을 6차례 연이어 거행하게 하였다. 비록 4자 회담이 실질적인 성과를 내지는 못했지만, 회담이 만든 협상 방식과 협상

---

123 「韩国总统金大中反对用经济制裁解决朝鲜核问题(한국 대통령 김대중이 경제 제재책으로 북핵 문제를 해결하는 방법에 대해 반대하다)」, 2002년 10월 23일, 中国网: http://www.china.com.cn/military/txt/2002-10/23/content_5221677.htm (검색 일: 2022년 6월 14일.)

과정에서 축적된 경험과 교훈은 이후 한반도 문제 해결을 토론하는 데 유익한 귀감이 되었다. 정리하자면, 김대중의 '햇볕정책'은 중국의 한반도 정책 원칙과 부합하여, 한중 양국의 관계도 많은 영역에서 긴밀히 협력하는 가운데 신속한 발전을 이루었다.

김대중이 한중 관계 발전을 위해 쏟은 노력에 대해서 중국도 높은 평가와 적극적인 긍정의 메시지를 보냈다. 2002년 10월 27일 아시아 태평양 경제 협력체 제10차 정상 비정식 회담을 마친 후, 당시 중국 국가 주석 장쩌민은 한국 대통령 김대중에게 이렇게 말했다.

"우리는 당신이 중한 관계 발전을 촉진하는 데 기여하고, 특히 중한 협력 파트너 관계를 건립하기 위해 중요한 공헌을 한 점에 대해서 상당히 높은 평가를 하고 있습니다."[124]

2003년 2월 24일 김대중은 청와대에서 당시 중국 국무원 부총리 첸치첸과 회견하였다. 첸치첸은 "김대중 대통령은 중국 인민의 오랜 친구이며, 중국은 김대중 대통령이 다년간 중한 우호 및 관계 발전을 위해 쏟은 중요한 공헌을 높이 평가하고 있습니다."라고 하였다.[125]

김대중은 집권 시 한중 관계 발전을 위해 노력을 했고, 퇴임한 후에도 여전히 지속적으로 한중 관계 발전을 추진하며, 한반도 평화 안정과 한반도 문제 해결을 위해 공감대를 넓히고 중국의 지지를 얻는 노력을 하였다.

김대중이 중국과의 관계를 중시한 까닭은 본인의 중국과의 특별

---

**124** 『人民日报』, 2002年 10月 29日.

**125** 『人民日报』, 2003年 2月 25日.

한 인연 외에도 그의 중국에 대한 인식에 더 중요한 이유가 있다. 그가 보기에 중국은 정치, 경제가 신속하게 굴기한 대국으로 거대한 시장이 있고, 한반도와 인접하여 북한과 특별한 관계가 있으며, 북한을 움직일 수 있는 나라였다. 또한 한국과 전면적인 협력 파트너 관계를 맺어 경제 분야에서 한국이 벗어나기 어려운 부분이 있었다. 실상 이러한 북한, 한국과의 특별한 관계로 인해 중국의 한반도에 대한 영향력은 그 어느 나라도 대체할 수 없다. 한편 김대중은 "중국에게 한국은 미국의 편이라는 인식이 있다."라는 점을 잘 이해하고 있었으며, 그래서 한국은 반드시 중국의 이러한 선입견을 바꾸기 위해 노력해야 한다고 주장했다.[126] 사실 김대중은 부시 정부의 북한 정책에 대해서 불편함이 있었다.[127] 그는 중국이 '6자 회담'을 추진하는 것은 비핵화 과정 중에서 점점 중요한 역할을 하고 있기 때문이라고 생각했다.

2004년 6월 29일 김대중은 중국을 방문해서 당시 중국 중앙군위 주석 장쩌민과 회담을 하였다. 회담에서 김대중은 '6자 회담'에서 중국의 역할을 긍정하며, 자신의 구상을 밝혔다. 그는 '6자 회담'이 북한 핵 문제를 해결한 후 계속 역할을 발휘해서 한반도 및 동북아시아 평화를 보장하는 상설 다자 협력 체제가 되기를 희망하였다. 김대중의 구상에 대해서 중국은 긍정적인 반응을 보이며, 남북 양측의 상

---

126 김대중, 『김대중 자서전』, 서울: 삼인출판사, 2010, pp. 595-596 참조.

127 김대중은 오바마가 대통령에 당선되었다는 소식을 듣고 매우 기뻐했다. 그는 세계 각국의 화해와 협력의 시대가 올 것이라 생각했다. 동시에, 그는 "과거 8년간, 미국의 그릇된 선택으로 전 세계는 중대한 손해를 입었다."라고 했다. (김대중, 『김대중 자서전』, 서울: 삼인출판사, 2010, pp. 578-579 참조.)

호 이익을 보장하기 위해서 한반도에 새로운 시스템이 구축될 필요가 있음을 인정했다.[128]

2008년 10월 27일 김대중은 다시 한 번 중국을 방문하였고, 중국 인민대학 학회와 랴오닝성이 공동으로 주최한 '동북아시아 발전과 협력 논단'에 참석하여서 개막식 연설을 했다. 여기서 김대중은 만약 '6자 회담'이 성공 한다면, 한반도에 안정적인 평화가 찾아올 것이며, 남북 관계가 크게 개선될 것이라고 다시 한 번 역설했다. 공동의 이익 확보와 동북아 안정을 실현하기 위해서 그는 동북아시아 국가들이 협력 해야 하고, 동시에 "동북아 평화를 위해 제일 중요한 것은 한반도가 솔선하여 평화를 실현하는 것"이라고 강조했다.[129] 즉 한반도 평화 문제를 추진하는 과정에서 김대중은 '6자 회담'에 매우 큰 기대를 걸었고, '6자 회담'의 주요 당사국인 중국을 통해서 동북아시아 국가들이 공동 협력하는 의식을 제고하기를 희망했다.

'6자 회담'이 수렁에 빠지고 김대중은 병환이 심해진 상태에서도 다시 중국과 소통을 강화하기 위해 노력했다. 2009년 5월 5일 김대중은 반 년 만에 다시 중국을 방문했다. 당시 중국 국가 부주석 시진핑과 회담을 하면서, 김대중은 '6자 회담'에서 중국의 역할을 강조하였고, 중국이 북한과 미국을 설득하고 협의한 내용대로 북한 핵 문제를 해결할 것과, 한반도 평화를 실현하는 과정에서 계속 역할을 다

128 김대중, 『김대중 자서전』, 서울: 삼인출판사, 2010, pp. 539-540 참조.

129 김대중도서관, "김대중 생애", https://www.kdjlibrary.org/president/yearbook?fullScreen=true (검색 일: 2022. 06. 17.)

할 것을 희망하였다. 이에 대해서 시진핑은 중국의 한반도 비핵화에 대한 입장은 분명하며, 이에 대해 이미 노력을 아끼지 않았다고 응답했다. 시진핑은 또한 각국은 마땅히 더욱 노력해야 하고, 동시에 미국도 더 많은 노력을 해야 하며, 한반도의 새 정황에 대응하기 위해 중국은 미국과 연락을 유지하는 동시에 적극적으로 대응을 진행할 것이라고 대답했다.[130] 이후 중국 사회과학원 학자 좌담회 및 북경대학교 연설에서 김대중은 앞서 말한 입장을 반복해서 강조했다.

한반도의 평화를 위해 김대중이 쏟은 노력은 누구나 쉽게 알아차릴 수 있다. 그는 적극적으로 중국의 역할을 긍정했고, 동시에 중국에 큰 기대를 걸었다. 그러나 김대중이 서거한 후 미국의 강경책의 영향으로, 특히 이후 미국 정부가 취한 북한에 대한 '전략적 인내'는 한중 양국이 협력하여 추진한 '6자 회담' 시스템을 멈추게 하였고, 매우 중요한 의의가 있는 '9. 19 공동 성명'의 합의 사항도 계속 이행할 수 없게 만들었다.

## 6. 결어

김대중은 한국의 민주주의와 한반도 평화를 위해 자신의 인생을 헌신했다. 그는 목숨이 다하기 직전까지 한반도의 평화를 위해 열정을 다해 꾸준히 노력했다. 그러나 아쉽게도 그는 그가 기대했던 한반

---

130 김대중도서관, "김대중 생애", https://www.kdjlibrary.org/president/yearbook?fullScreen=true (검색 일: 2022. 06. 17.)

도 평화를 보지 못하고 2009년 8월 18일 인생의 마지막 여정을 마쳤다. 그의 서거는 국제 사회에 큰 울림이 되었다. 각국 정계는 이 민주 투사, 평화의 사자의 죽음에 애석함을 표했다. 특히 중국은 오랜 친구 김대중의 서거에 침통한 애도를 표하고, 그의 집념과 의지를 추모하며 그의 평화와 협력의 성과를 깊이 기억하고자 했다. 당시 중국 외교부 대변인 친강은 김대중의 서거 당일 기자와의 문답에서 "김대중 선생님은 중국 인민의 오랜 친구입니다. 생전에 중한 관계를 발전하기 위해 중요한 공헌을 하셨고, 중국 정부와 인민은 이에 대해 잊지 않을 것입니다."[131]라고 말했다.

중국인의 가치관에서 한 외국 정치가에게 '오랜 친구'라고 부르는 것은 상대방에 대한 가장 높은 평가이다. 따라서 친강의 발언은 김대중의 정치 생애에 대한 인정으로 볼 수 있다.

김대중은 비록 이 세상을 떠났지만, 그는 후세 사람들에게 귀중한 정치적 유산을 남겼다. 특히 김대중의 한반도 남북 관계 발전, 한반도 평화 구축, 한중 관계 개선 등, 세 가지 정치적 성과는 그의 정치 이념과 탁견이 매우 시의적인 통찰이었음을 보여 주는 것과 동시에, 그의 정책 지향과 원칙이 후세에게 큰 귀감이 되는 가치를 지녔음을 증명한다.

한반도 관계 발전에 있어서 남북은 장기간 분열되어 있었고, 그 기간 동안 쌓인 갈등의 골이 매우 깊다. '신속 통일'처럼 성과에 급급한

131 「韩国前总统金大中去世，中方表示深切哀悼(한국 전 대통령 김대중의 서거에 대하여, 중국은 깊은 애도를 표하다)」, 新华社 (首尔) 2009년 8월 12일.

의견은 매우 비현실적이었고, 당시로서는 한반도 평화를 확보하는 것이 가장 중요한 일이었다. 그런 점에서 남북 화해와 협력을 추진하는 것은 서로 신뢰를 증진하고 평화 공존을 실현할 수 있는 유일한 방법이었다. 한반도 평화 안정을 실현한 기초 위에서 적절한 시기에 통일 문제를 상의하는 것이야말로 현실적이며, 통찰력 있는 정치적 견해라 할 수 있다.

한반도 평화 체제를 구성하는 점에 있어서 남북 관계 개선은 내재적 핵심이고, 북미 관계 개선은 외재적 핵심이다. 이 두 사항은 한반도 냉전 구도를 해체하는 핵심 과제라 할 수 있다. 남북 관계 개선에 대해서 한국은 마땅히 인내심을 갖고 능동적인 태도를 갖춰야 한다. 북미 관계 개선에 대해서 한국은 어떤 조건도 걸지 않고 지지를 보내야 한다. 특히 북한 핵 문제 해결에 있어서 대화와 협상으로 해결하는 것은 긴 인내심이 필요한 일이며, 고압적 제재나 무력 위협은 한반도를 전쟁의 위험에 빠뜨리게 할 것이다. 이 문제를 해결하는 것은 매우 복잡하며 도전적인 과제이다. 그러나 '6자 회담'의 틀이나 '9. 19 군사 합의 정신'은 여전히 현실적으로 중요한 가치를 지닌다.

지역적 협력 추진에 있어서도 김대중은 동남아시아 연맹과 한중일 정상 회담에서 '동아시아 비전 그룹'을 결성할 것을 제안하였는데, 이는 한국을 주축으로 동아시아 협력의 장기적인 비전에 대해 연구하여 실현 가능한 보고서를 제출하자는 건의였다. 동아시아 13개 국가의 전문가들은 동아시아 정상들에게 동아시아 공동체를 구성하자는 보고서를 올렸다. 해당 보고서의 건의는 동아시아 정상들의 만

장일치를 얻었고, 그는 동아시아 공동체를 구성하기 위해 적극적인 행동을 취했다. 비록 동아시아 공동체의 구성에 있어서 많은 난관이 있었지만 이는 멈출 수 없는 역사적인 과정이 되었으며, 사람들은 이 역사적인 공헌을 한 김대중을 잊지 않을 것이다.

중국과의 관계 발전에 있어서도 김대중은 시종일관 객관적, 이성적으로 중국의 지위와 역할을 인식할 것을 강조했다. 중국은 한반도의 이웃이며, 쉬지 않고 굴기하는 정치, 경제 대국으로서 한반도 남북 양측에 끼치는 영향력이 비교적 크다. 따라서 남북 관계 발전이나 북한 핵 문제 해결 및 한반도 평화 구축 문제에 있어서 중국의 역할을 빼놓을 수 없다. 현실적인 관점에서 중국과의 협력을 추진하는 일은 한반도와 동북아 평화 안정에 유리하며, 지역 번영에는 더욱 유리하다. 이러한 점을 일찍이 간파했던 김대중은 충분히 기념할 필요가 있는 정치가이다. 그에 대한 평가는 본문의 저자 장원링이 김대중 서거 후에 쓴 기념문의 내용으로 대체한다.

"김대중은 떠났지만, 귀중한 정신적 유산을 남겼다. 그 유산은 한국의 유산이며, 또한 세계의 유산이다. (金大中走了, 留下了宝贵的精神遗产, 它是韩国的, 也是世界的)"

Ⅲ

# 김대중 정부 시기 한중 관계

이남주

# 김대중 정부 시기 한중 관계

**이남주** 성공회대학교 중국학과 교수

## 1. 전환기의 한중 관계

1992년 수교 이후 한중 관계는 지난 30년간 가장 빠르게 발전한 양자 관계 중 하나이다. 이는 다음 세 가지 측면에서 확인할 수 있다. 먼저, 양국의 무역액은 1992년 63억 달러에서 2022년 3104억 달러로 약 50배 증가했다. 중국은 2004년 이후 한국의 최대 교역 상대국이며, 한국은 EU(European Union)와 ASEAN(동남아 국가 연합)을 제외하면 미국에 이어 중국의 제2대 교역 상대국이다. 인적 교류에서 상호 방문자 수는 1992년 13만 명에서 코로나19 팬데믹이 시작되기 전해인

2019년 1039만 명으로 100배 가까이 증가했다. 교류 증가와 함께 정치 관계도 빠르게 진전되어, 한중 관계는 수교 시의 '우호 협력 관계'에서 '협력 동반자 관계'(1998년), '전면적 협력 동반자 관계'(2003년), 그리고 '전략적 협력 동반자 관계'(2008년)로 '격상'되었다.

그러나 최근 한중 관계는 큰 도전에 직면해 있다. 2016년 사드 갈등이 중요한 전환점이 되었다. 이는 병의 원인보다는 증상에 더 가깝다. 즉, 그 이전부터 한중 관계의 기초를 약화시키는 구조적 요인들이 출현했다. 미중 관계에서 경쟁과 대립이 강화된 것이 가장 중요한 요인이다. 경제 영역에서도 중국의 산업 구조 고도화에 따라 한중 사이의 경쟁적 측면이 강화되어 왔다. 양국 사이의 상호 인식에 부정적 영향을 미치는 사건들도 이어졌다.

한중 관계에 부정적 요인들이 증가하고 있지만, 이것이 한중 관계의 미래를 결정하도록 해서는 안 된다. 국가 간 관계에 좋은 면만 있는 것은 아니다. 국가 이익이 완전히 일치할 수는 없다. 설령 큰 방향에서는 공동 이익이 크다고 하더라도, 각국 내부의 계층적 이익이나 추구하는 이념적 차이가 갈등을 유발할 수 있다. 인적 교류의 증가도 상호 이해 수준이 낮은 상황에서는 문화적 충돌을 초래하는 경우가 많다. 이러한 문제를 잘 관리하지 못하면 양국 모두에 해가 되는 결과를 초래하게 되지만, 반대로 이를 잘 관리해 가면 양국 관계가 더 성숙해지는 길로 이어질 수 있다.

한국과 중국 모두에게 한중 관계를 잘 관리해야 할 필요성은 명확하다. 무엇보다 중국의 경제력, 군사력, 그리고 국제 사회에서의 위상을 고려하면 한중 관계의 악화는 한국의 전략적·경제적 부담을 크게 증가시킨다. 한국이 최근까지 거둔 성취는 민주주의와 개방형 경제의 활력을 잘 조화시킨 결과인데, 이러한 전략적·경제적 부담은 그 활력을 크게 약화시킬 것이다. 한중 관계의 불안과 악화는 중국에게도 큰 부담이다. 중국은 대내외적으로 매우 중요한 전환기에 처해 있다. 대내적으로는 2035년까지 중등 발전 국가 수준에 도달한다는 목표를 제시하고 있는데, 이는 저발전 단계에서 중진국 수준에 도달하는 것보다 훨씬 어려운 과제이다. 이 과정에서 미중 전략 경쟁이 가속화되는 등, 대외 환경도 중국에게 유리하게 전개될 것으로 보기 어렵다. 이러한 상황에서 한국을 포함한 주변 국가와 전략적 갈등이 발생하는 것은 중국의 대외 환경을 더 악화시키고, 중국의 경제 발전에도 큰 부정적 영향을 주게 된다.

다만, 이러한 필요성이 한중 관계의 안정과 발전을 보장하지는 못한다. 문제를 어떻게 관리하고 해결할 것이며, 갈등 요인이 존재하는 상황에서 어떤 방향으로 협력을 추진해야 할 것인가 등의 문제에 구체적 해답을 찾아야 한다. 김대중 정부 시기의 경험은 이러한 문제를 논의하는 데 많은 시사점을 줄 수 있다. 김대중 정부 시기는 한중 관계만이 아니라 한반도와 깊은 관련이 있는 모든 주변 대국들과의 관계를 안정적으로 발전시켰던 시기이다. 한중 관계의 경우 한중 수교 등 이전 정부의 성과와 미중 관계, 협력적 기조를 유지하던 국제 정세 등이 도움이 되었다. 그렇다고 성과가 저절로 이루어진 것은 아니었다. 김대중 정부가 출범하던 시기 한중 관계에도 새로운 불안 요인이 등장하고 있었기 때문이다. 즉 이러한 불안 요인을 효과적으로 관리하고, 새로운 협력 공간을 만들어 갔던 것이 한중 관계를 안정적으로 발전시킬 수 있던 가장 중요한 원인이었다. 이 글에서는 김대중 정부 시기 한중 관계의 변화를 살펴보고, 이 시기 경험이 현재 한중 관계에 어떤 시사점을 줄 수 있는가를 논하고자 한다.

## 2. 한중 '협력 동반자 관계'의 발전: 1998~2002년

김대중 정부 시기 한중 관계의 새로운 발전 방향은 1998년 11월 김대중 대통령의 중국 국빈 방문에서 확정되었다. 김대중 대통령과 장쩌민(江澤民) 국가주석은 "양국 정상은 UN 헌장의 원칙과 한중 수교공동성명의 정신 및 수교 이래 발전해 온 양국 간 선린 우호 협력 관계에 기초하여 미래를 바라보면서, 21세기의 한중 협력 동반자 관계를 구축키로 합의했다. 이 합의는 한국과 중국이 단순한 협력 관계를 넘어서 '동반자(partnership)' 관계를 발전시키기로 했다는 점에서 중요한 의미가 있다. 2000년 10월 주룽지(朱鎔基) 총리가 방한했을 때, 양국은 한중 협력 동반자 관계를 "전면적 협력의 새로운 단계로 발전시키기"로 합의했다.

당시로서는 중국이 한중 관계에 매우 높은 중요성을 부여한 규정이다. 중국의 동반자 관계 외교는 1993년 이후 본격화되어, 2019년 8월까지 동반자 관계를 맺은 나라는 110개로 증가했다. 그중 전략적 동반자 관계를 맺은 나라만 60개를 넘었다. 그러나 1998년 당시 중국이 동반자 관계를 맺은 나라는 전략적 동반자 관계 3개 국가(브라질 1993년, 러시아 1996년, 미국 1997년), 일반 동반자 관계 5개 국가(파키스탄 1996년, 네팔 1996년, 프랑스 1997년, 영국 1998년, 일본 1998년) 및 1개의 국제기구(1997년 아세안)에 머무르고 있었다. 한국은 수교한 지 불과 6년밖에 되지 않았고, 북한 문제도 있어 정치 관계 발전에 여전히 제약이 있는 상황이었다. 이러한 상황에서 협력 동반자 관계라는 방향의 제시는 한국과 중국의 양자 관계 발전에 대한 높은 적극성을 확인시켜 주는 것이었다. 그리고 이러한 인식에 기초해 이 시기에 출현한 여러 어려움에도 불구하고 양국의 정치 교류, 경제 교류, 인적 교류 등을 양적으로 확대시키고, 질적으로 강화할 수 있었다.

### 1) 김대중 정부 출범 전후의 한중 관계 환경

김대중 정부의 출범을 전후로 한 시기에 한중 관계가 순풍만 탔던 것은 아니었다. 두 가지 문제가 한중 관계의 불확실성을 높이고 있었다.

첫째, 1997년 하반기에 확산된 동아시아 금융 위기이다. 직격탄을 맞은 한국은 환란을 겪었고, 중국의 사정은 조금 낫다고 할 수 있지만 1996년 9.6%에 달하던 GDP 성장률이 1998년 7.8%, 1999년 7.1%로 하락하고 있었다. 뿐만 아니라 중국은 계획 경제에서 시장 경제로의 전환을 가속화하면서 국유 기업 개혁 등의 구조 조정이 본격화되는 시기였기 때문에 실업률도 빠르게 증가했다. 중국의 위기의식도 한국에 못지않았다. 이러한 요인으로 1998년 한중간 무역 총액은 전년 대비 22.3% 감소되었다. 한국의 대중 투자는 1996년 8.93억 달러에서 1999년 3.48억 달러까지 축소되었다.

당시 양국은 경제적 어려움을 단기간 내에 극복하기 위해서 외부 시장에 의존할 수밖에 없었는데, 이는 양국이 세계 시장에서 더 치열한 경쟁을 벌어야 한다는 것을 의미했다. 특히 한국의 경우는 외환 위기 극복을 위해 무역 수지를 흑자로 전화시켜야 했고, 이를 위한 평가 절하는 비슷한 상황에 처해 있는, 중국을 포함한 동아시아 국가들의 자국 화폐 평가 절하 경쟁을 촉발할 수도 있었다. 이러한 상황이 전개되면 금융 위기에서 벗어나기가 더 어려워질 수도 있는 상황이었다.

둘째, 국제 및 동북아 정세도 복잡해지고 있었다. 가장 큰 변화는 미중 관계의 불안정성이 증가한 것이다. 미국과 중국은 1972년 리처드 닉슨(Richard Nixon) 대통령의 베이징 방문을 계기로 소련의 팽창을 저지하기 위한 전략적 협력을 시작한 이후, 양국 관계를 안정적으로 발전시켰다. 1979년 외교 관계를 수립했고, 중국의 개혁 개방과 함께 경제 사회 교류도 빠르게 증가했다. 그러나 1989년 6월 중국의 천안문 사태와 1990년대 초반 소련 및 동유럽 사회주의 체제의 붕괴가 미중 협력의 정치적 기초를 약화시켰다. 미국 내에서는 1990년대 중반부터 중국 위협론이 부상하기 시작했고,[132] 중국 내에서는 이

---

132 이남주, 「미국에서 '중국 위협론'의 변화와 부상」, 『역사비평』, 2002년 겨울호.

에 대한 반발로 민족주의적 정서가 고양되기 시작했다.[133]

1990년대 말 상황은 더 부정적인 방향으로 움직였다. 1999년 5월 7일 NATO의 미사일이 주유고 중국대사관을 폭격해 3명의 중국인이 사망하는 사건이 발생했다. 미국과 NATO는 오폭이라고 주장했지만, 중국 내에서 미국에 대한 분노를 표명하는 시위가 진행되었다. 이것이 우발적 사건이었다면, 2000년 대통령 선거에서 공화당 후보인 조지 부시(George W. Bush)가 미중 관계를 '전략적 경쟁자'로 규정한 것은 미국의 대중 정책 기조가 변화할 조짐으로 인식되었다. 부시가 선거에서 승리하고 대통령에 취임한 직후인 2001년 4월 1일 남중국해 상공에서 중국을 근접 정찰하던 미국 해군 소속 EP-3 정찰기와 이를 제지하던 중국 전투기가 충돌하는 사건이 발생했다. 중국인 조종사가 사망하고, 미국 정찰기는 손상을 입은 채 중국 하이난다오에 비상 착륙했다. 협상을 통해 중국이 미국 승무원을 송환하는 것(정찰기는 해체된 이후 3국 수송기로 반환되었음.)으로 사건은 마무리되었지만, 이것은 분명 미중 관계의 불안정성을 보여 준 사건이었다.

다만, 2001년 9. 11 사태 이후 미국의 대외 전략 초점이 이라크와 중동으로 이동하고, 미국이 이라크 전쟁의 수렁에 빠지는 동안 미중 관계는 다시 안정기로 접어들었다.

---

133 1993년 미국의 방해로 2000년 올림픽 유치 경쟁에서 시드니에 패배하고, GATT로의 복귀가 좌절되었다는 대중들의 인식, 1995~6년 대만해협 위기 과정에서 미국 항공 모함과의 군사적 대치 등이 중국 내에서 민족주의 정서가 폭발하는 중요한 계기가 되었다. 1996년 민족주의적 감정을 자극하는 『노라고 말할 수 있는 중국(中国可以说不)』이란 책이 베스트셀러가 된 것이 이러한 분위를 잘 보여 준다. 宋强·张藏藏·乔边, 『中国可以说不』, 中国工商联合出版社, 1996年.

셋째, 1992년 한중 수교 이후 악화되었던 중국과 북한의 관계가 개선된 것도 남북 관계가 악화된 상황에서는 한중 관계에 잠재적 불안 요인이 될 수 있었다. 1998년부터 양국 지도부 간의 상호 방문이 증가하기 시작했고, 이러한 추세는 1999년 6월 3일 북한의 최고인민회의 상임위원장 김영남이 베이징을 방문해 1991년 10월 김일성의 중국 방문과 1992년 4월 양상쿤(楊尙昆) 국가주석의 북한 방문 이래 중단되었던 최고위층 상호 방문이 재개되는 것으로 이어졌다.[134] 김영남과 장쩌민, 리펑(李鵬) 등 중국 정치 지도자 간의 회담에서 미국의 패권 정치와 강권 정치에 반대한다는 점에 대해서 양국은 목소리를 같이 했다. 이러한 변화는 한국의 대중 정책을 어떻게 한미 관계, 남북 관계와 조화시킬 것인가라는 과제를 새로 제기하는 것이었다.

이처럼 김대중이 대통령에 취임했던 시기는 경제 분야에서 경쟁적 요소의 출현, 미중 경쟁의 시작, 북중 관계 발전의 한미 관계와 한중 관계에 대한 영향 등의 요인들이 한중 관계에 새로운 도전을 제기하고 있었다. 이러한 새로운 문제에 대응하고, 한중 관계를 안정적이고 지속적으로 발전시키는 것이 김대중 정부 대중 정책의 초점이 될 수밖에 없었다. 그리고 이 세 요인들은 지금의 한중 관계에 더 큰

---

134 중국의 전국인민대표대회 상임위원장 리펑은 "1994년 7월 8일 김일성 주석이 불행하게 사망한 이후 조선 동지들이 애도 기간에 처해 있어 양국 간 고위층 상호 방문이 계속 진행되지 못했다. 이에 대해 우리는 이해한다. 이번에 김영남 동지를 단장으로 하는 국가 대표단의 내방은 양국 간 고위층 상호 방문을 복원시켰고, 우리는 매우 기쁘다."라고 언급했고, 김영남도 "이것이(김일성 사망에 대한 슬픔에 빠져 있었던 것) 최근 몇 년 동안 양국 간 고위층 상호 방문이 실현되지 않은 중요 이유이다."라고 동의를 표시했다. 「李鵬委员长与金永南委员长会谈」, 『光明日報』, 1999年 6月 4日.

어려움을 던지고 있다는 점에서 김대중 정부 시기의 한중 관계 변화를 살펴보는 것이 현재적 의의를 갖는다.

### 2) 정치 교류의 확대

김대중 대통령은 장쩌민 국가주석과 중국 공식 방문 1차례(1998. 11. 12.)와 아시아태평양 경제 협력체(APEC)·UN 새천년 정상 회의 등, 국제회의를 계기로 5차례(1999. 9. 11, 2000. 9. 6, 2000. 11. 15, 2001. 10. 19, 2002. 10. 27.)의 정상 회담을 가졌다. 김대중 대통령은 ASEAM(Asia - Europe Meeting) 정상 회의, 공식 방한, ASEAN 정상 회의 등을 계기로 주룽지 총리와 3차례(1998. 4. 2, 2000. 10. 18, 2001. 11. 6) 고위급 회담을 진행했다. 그리고 중국의 후진타오(胡錦濤) 국가부주석, 주룽지 총리, 리펑 전국인민대표대회 상무위원회 위원장 등이 1차례씩(1998. 4. 26~30, 2000. 10. 17~22, 2001. 5. 23~27) 한국을 방문했고, 한국의 총리(이한동), 국회의장(이만섭)도 중국(2001. 6. 19~22, 2002. 1. 9~11)을 방문했다. 이만섭 국회의장은 평화를 위한 아시아 의회 연합(APPP) 총회 대표단 단장 자격으로도 중국을 방문했다(2002. 4. 16~18).

의회 및 정당 사이의 교류도 활발하게 진행되었다. 전국인민대표대회 상무위원회 부위원장급 방문이 진행되었고, 전국정치협상회의 주석 및 부주석이 수교 후 처음으로 한국을 방문했다. 양국 의회 상임위 사이의 상호 방문도 증가했다. 중국 전국인민대표대회 외사위,

재경위, 화교위, 법률위 부주임이 이끄는 대표단이 한국을 방문했고, 한국 국회 재경위, 통일외교통상위, 법사위, 문광위 대표단이 중국을 방문했다. 정당 간 교류도 진행되었다. 중국공산당의 정치국원, 대외연락부 부장 및 부부장, 조직부장, 지방 당 서기 등이 한국을 방문했다. 한국의 여당(새정치국민회의, 새천년민주당, 자민련) 대표단의 중국 방문이 증가했을 뿐만 아니라, 야당(한나라당) 대표단이 중국을 방문하고, 대선을 앞둔 2002년 9월 이회창 당시 한나라당 대통령 후보가 중국을 방문해 장쩌민 국가주석과 회담을 가졌다.

정치 교류에서 또 다른 중요한 성과는 군사 분야의 교류가 시작된 것이다. <표1>은 군사 분야의 주요 인사 교류 상황을 정리한 것이다. 한중 간 최초로 한국 함정과 중국 함정의 상호 방문도 진행되었다(2002. 11 상하이와 2005. 5 인천). 2002년 9월에는 한국의 공군수송기가 처음으로 중국(베이징)을 방문했다. 중국 수송기의 한국 방문은 2003년 6월에 진행되었다. 중국의 북한과의 특수 관계, 한미 군사 동맹 등, 양국 간 군사 교류를 가로막는 제약 요인이 있었음에도 불구하고 이러한 교류가 시작된 것은 양국 관계를 동반자 관계로 전환한 것에 따른 성과라고 할 수 있다.

<표1> 군사 분야 주요 인사 교류(1998~2002)

| | 방중 | 방한 |
|---|---|---|
| 1999 | 조성태 국방부장관(8월) | |
| 2000 | 조영길 합참의장(8월)<br>이수용 해군참모총장(4월) | 츠하오톈(遲浩田) 국방부장(1월) |
| 2001 | 길형보 육군참모총장(3월)<br>김동신 국방부장관(12월) | 류슌야오(劉順堯) 공군사령원(3월) |
| 2002 | 이억수 공군참모총장(1월)<br>권영효 국방부차관(8월)<br>문두식 기무사령관(11월) | 싱스쭝(邢世忠) 국방대학 교장(3월)<br>푸취엔여우(傅全有) 총참모장(10월) |

자료: 외교통상부, 『중국개황 2003』, 219쪽.

### 3) 경제 협력의 도약

김대중 정부 5년 동안 한중 총무역액은 236.9억 달러에서 411.5억 달러로 증가했다. 이 수치만 보면 양국 무역이 순조롭게 발전한 것처럼 보이나, 경제 상황의 불확실성이 높아진 관계로 김대중 정부 5년 동안 한중 무역 규모는 변동이 컸다. 1998년에는 동아시아 금융 위기의 여파로 1992년 수교 이후 처음으로 전년 대비 무역 규모가 줄어들었다. 1999년부터 회복세를 보이기 시작해 2000년에는 전년 대비 수출은 34.9%, 수입은 44% 증가했다. 그러나 2001년에는 전년 대비 수출은 1.4% 감소하고, 수입은 3.9% 증가해 무역 증가세가 다시 정체되었다. 김대중 정부 마지막 해인 2002년에 수출과 수입은 각각 30.6% 증가와 30.8% 증가로 반등했다. 무역 흑자는 1997년 36.6억 달러에서 2002년 63.5억 달러로 증가하며 흑자 구조가 정착되었다. 중국 측 통계에서 한국의 무역 흑자는 한국 측 통계의 두 배에 달했다. 또한 2002년에는 중국이 한국의 최대 교역 상대국이 되었다. 중국은 2003년에는 한국의 최대 수출 상대국이 되었고, 2007년에는 최대 수입 상대국이 되었다.

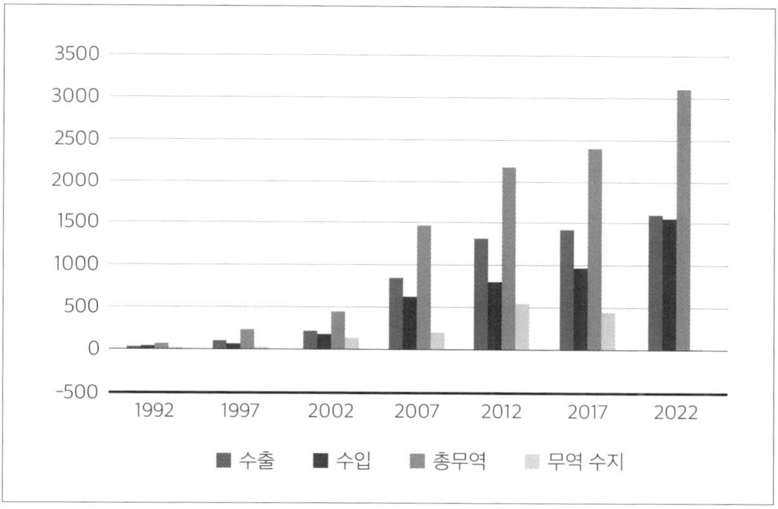


<그림1> 한중 무역 변화(단위: 억 달러) 자료: 한국무역협회

한국의 대중 투자 규모는 동아시아 금융 위기 이후 빠르게 회복되지는 못했다. <그림2>를 보면 한국의 대중 직접 투자는 1997년 8.19억 달러에서 2002년 11.63억 달러로 증가했다. 그러나 이는 국내외 경제의 불확실성이 증가함에 따라 해외 투자가 전반적으로 위축된 결과이지, 대중 투자만 위축된 것은 아니다. 다른 지역에 대한 투자에 비하면 대중 투자는 빠르게 회복되었다고 평가할 수 있다. 2002년 기준으로 중국은 한국의 제1대 투자 대상국이 되었다. 한국의 대

중 투자는 총해외 투자 중 33.9%에 달했다. 특히 제조업 투자 비중이 압도적으로 높은 점(금액 기준 83.5%, 해외 총투자 중 제조업 투자의 비중은 53.7%)이 한국 대중 투자의 주요 특징이었다.

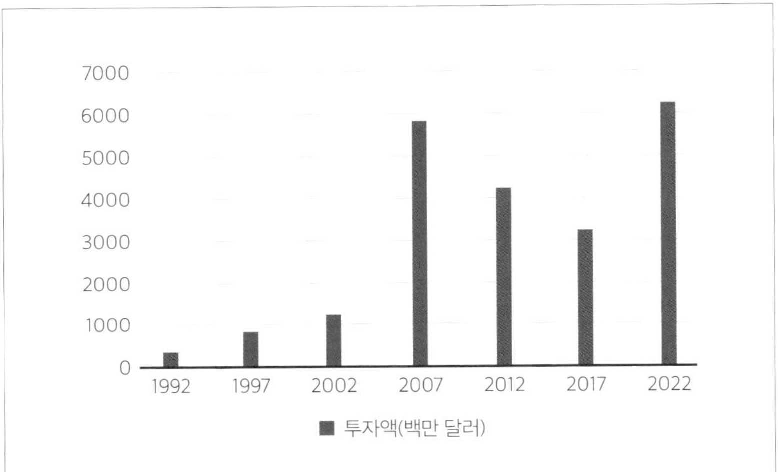


<그림2> 한국의 대중 외국인 직접 투자(실행액 기준) 자료: 한국수출입은행

김대중 정부 시기 한중 경제 관계의 발전이 갖는 중요한 의미는 동아시아 금융 위기가 초래한 문제들을 극복하고, 한중 경제 관계를 정상 궤도에 올려놓은 것에만 있는 것이 아니다. 2001년 중국이 WTO에 가입하고 대외 개방 수준을 높이는 상황에서 중국 시장을 한국 경제 성장의 주요 동력으로 삼을 수 있는 기초를 구축했다는 데에도 의미가 있다. 2002년부터 2007년까지 한국 교역 규모는 411.5억 달러에서 1450.2억 달러로 3.5배 증가했다. 한국의 대중 투

자에서도 이 점을 확인할 수 있다. 2001년까지 6.87억 달러에 머물렀던 대중 투자는 2002년 11.63억 달러로 급상승했고, 2007년까지 57.05억 달러로 증가했다. 2002년부터 2007년까지 중국은 한국의 제1의 투자 대상국이었다. 그리고 한중 수교 이후 중소기업의 노동 집약적 가공 무역 관련 산업에 대한 투자가 중심이었는데, 이 시기부터 대기업의 중국 내수 시장으로의 진출이 시작되었다. 2001년에 삼성전자가 후이저우와 톈진에 휴대 전화 공장을 건설하였고, 2002년에는 현대차가 베이징 공장을 건설했다. 그리고 2006년 SK하이닉스가 우시에 D램 공장을 건설했다.[135]

당시 정부 간 협력에서도 산업 협력이 매우 중시되었다. 김영삼 정부 때 한중 산업협력위위원회를 구성하기로 합의한 바 있는데(1994. 3.), 김대중 정부 시기에 관련 협력이 본격화되었다.[136] 1998년 11월 김대중 대통령의 방중 시 양국은 완성차·금융·통신(CDMA)·원전·고속철도 등 5대 경협 사업 추진에 합의했다. 그리고 1999년 3월 중국 베이징에서 진행된 '한·중 산업협력위원회 실무대표단'회의에서 과학 기술 산업화, 산업 정책, 에너지, 자원 등 3개 분과위원회를 구성하기로 합의했고, 과학기술산업화 분과위 산하에 자동차,

---

135 현상백·양평섭·정지현·문지영, 「한·중 수교 30주년: 경제 협력 성과 및 과제」, 『KIEP 오늘의 세계경제』, Vol. 22 No.13(2022년 8월 24일.), pp. 15-16.

136 한중 산업협력위원회는 양국 간 산업부 장관 회의로 2002년 6월까지 6차례가 진행된 후 중단되었다가, 2006년 8월 제7차 한중 산업 협력 장관 회의(한국 산업부장관 · 중국 국가발전개혁위원회 주임)로 재개되었다. 2008년부터는 한중 경제장관회의로 명칭이 바뀌고, 한국에서는 기재부 장관이 참여하고 있다. 참고로 2022년에 제17차 회의가 열렸다. 이와 별도로 2014년부터 산업통상자원부 장관과 중국 공업신식화부 부장이 참여하는 한·중 산업장관회의도 진행되고 있다.

HDTV, 철강, 석유 화학 소위를 두었다. 이 산업들은 그 이후 한중 무역과 투자의 주된 동력을 제공했다.

### 4) 사회·문화 교류의 비약적 발전

김대중 정부 시기 인적 교류는 비약적으로 증가했다. 1997년 80만 명에서 2002년 327만 명으로 4배 이상 증가했다. 2002년의 327만 명 중 방중 한국인은 273.1만 명, 방한 중국인은 53.9만 명으로 한국인의 방중 비중이 현저하게 높았다.

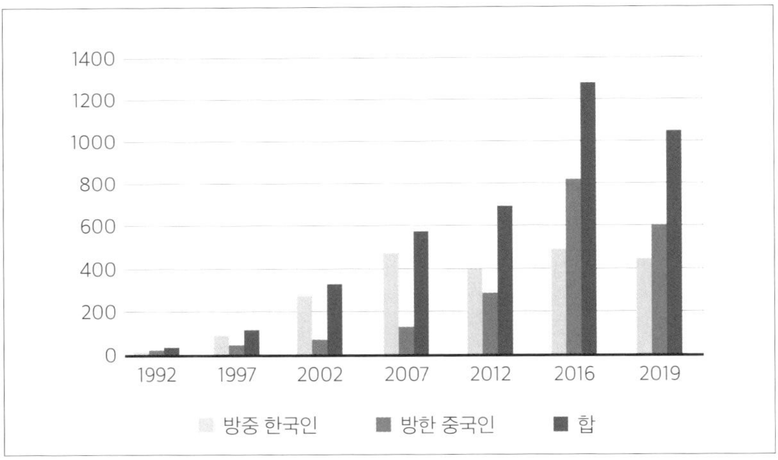


<그림3> 한중 간 상호 방문자 수(단위: 만 명)

자료: 방한 중국인은 한국관광공사의 통계를, 방중 한국인은 2002년까지는 법무부 출입국 관리소 자료를, 2007년 이후는 중국 국가여유국 통계를 각각 인용.

이 시기 인적 교류의 증가, 특히 한국인의 중국 방문자 수의 증가에는 무역, 투자 등의 경제 교류 증가는 물론이고 유학, 관광 등의 급격한 증가가 큰 역할을 했다. <표2>는 방중 한국인을 출국 목적에 따라 분류한 것이다. 회의 참석(약 4,900명 → 약 8,600명), 공무 수행(약 1,800명 → 3,800명), 운동·예술(약 500명 → 약 3,600명) 등의 경우 절대 수는 많지 않으나 양국 관계 발전에 있어 중요한 의미가 있는 교류이며, 이 역시 1997년 대비 크게 증가했다.

<표2> 중국 방문 한국인 수(목적별. 단위: 만 명)

| | 총수 | 관광·시찰 | 상용 | 방문 | 유학 | 연수 | |
|---|---|---|---|---|---|---|---|
| 1997 | 58.8 | 18.6 | 24.4 | 5.9 | 1.3 | 1.7 | 4.3 |
| 2002 | 173.1 | 86.8 | 63.4 | 10.4 | 2.8 | 4.1 | |

주: 만 명 이상 분야만 표시

자료: 법무부, 『출입국관리통계연표 1997』, 법무무, 1998: 법무부, 『출입국관리통계연표 2002』, 법무부, 2003.

한국을 방문한 중국인 수도 꾸준히 증가했다. <표3>이 보여 주는 것처럼 중국의 해외 관광 자유화에 따른 한국 방문 관광 증가가 주요 원인이었다. 그 이후에도 한국 관광이 중국인의 한국 방문자 수를 급격하게 증가시켰다. 통계에서 기타의 비중이 높은 것은 자료 수집 시 분류 방식에서 비롯된 것이다. 기타에서는 이주 노동과 결혼 등의 목적에 의한 방문 비중이 높았던 것으로 추측된다.[137] 중국인의 한국 방문이 크게 증가하는 상황(2013년 중국 방문 한국인 수를 추월했으며, 2014년에는 600만 명 돌파)에서도 상용 목적의 방문은 크게 증

**137** 정종호, 「한중 관계와 사회문화 교류: 인적 이동과 문화콘텐츠의 확산을 중심으로」, 『국제 · 지역연구』, 31권 3호(2022 가을), pp. 6-7.

가하지 않았는데(2014년 10.2만 명), 기타 목적 관광 수(2014년 114.1만 명)에 경제적 이유가 적지 않았던 것으로 짐작할 수 있다.

<표3> 한국 방문 중국인 수(목적 별, 단위: 만 명)

| | 총수 | 관광 | 상용 | 공용 | 유학 | 기타 |
|---|---|---|---|---|---|---|
| 1997 | 21.4 | 3.6 | 2.9 | 0.07 | 0.1 | 14.8 |
| 2002 | 53.9 | 23.8 | 7.5 | 0.15 | 0.6 | 21.9 |

자료: 한국관광공사 Data Lab

인적 교류의 증가를 뒷받침하기 위해 항공기 운항 편수와 기착지가 크게 증가했다. 1994년 12월 주 48편으로 운항을 시작한 이후, 2003년 6월 한국의 6개 도시와 중국 22개 도시 사이에 주당 약 300편이 운항하는 수준으로 증가했다.

이 시기 양국 사이의 사회 문화 교류에서 가장 주목을 끈 것은 중국 내에서 불기 시작한 한류 열풍이었다. '사랑이 뭐길래'라는 드라마로부터 시작된 한류는 이 시기 한중 사이의 우호 협력 관계의 결과인 동시에, 중국인들에게 한국에 대한 좋은 이미지를 심어 줘 이후 경제 및 정치 교류에 긍정적 영향을 주었다. 이는 김대중 정부 시기 문화 산업을 발전시키기 위한 노력이 처음으로 구체적 성과를 거둔 사례 중 하나라고 할 수 있다.[138] 이에 대해 김대중 대통령은 2001년 광복절 경축사에서 "21세기는 문화 산업이 중심이 되는 시대입니다. 지금 중국, 베트남 등 동아시아에서는 한류 열풍이 일어나고 있습니

138 김대중의 문화 및 문화 산업 정책에 대해서는 장신기, 『성공한 대통령 김대중과 현대사』, 시대의 창, 2021, pp. 351-375 참조.

다. 이를 계기로 굴뚝 없는 기간 산업인 문화 산업의 발전을 적극 추진해 나가겠습니다."라고 천명한 바 있다.[139] 중국에서 한류 열풍은 이후 한류가 전 세계로 확산되는 중요한 발판이 되었다.

## 3. 한중 협력 동반자 관계의 발전을 위한 대중 외교의 원칙과 실행

김대중 정부 시기 한중 관계의 발전은 자연스럽게 이루어진 것이 아니었다. 각국 내부와 국제 환경의 변화가 초래한 여러 도전과 문제들을 극복한 결과였다. 무엇보다 김대중 대통령의 외교 철학이 중요한 역할을 했다. 김대중은 한반도의 지정학적 위치로 인해 외교가 한국의 운명에 결정적인 영향을 미친다는 점을 일찍부터 인식하고, 한국의 이익을 실현할 수 있는 외교가 무엇인가를 지속적으로 고민했다.[140] 즉 김대중의 외교 철학은 한국의 미래를 위한 치열한 고민과 사유의 결과였다. 김대중 정부 시기 대중 외교도 이에 입각해서 방향

---

139 연세대학교 김대중도서관 편, 『김대중 전집 I - 제7권』, 연세대학교 대학출판문화원, 2015, p.16.

140 "한국이 세계에서 가장 외교가 필요한 나라이다. 외교가 운명을 좌우한다고 해도 과언이 아니다. 국내 정치는 실수하더라도 고치면 되지만 외교의 실패는 돌이킬 수 없다."라는 것은 김대중의 일관된 신념이었다. 김대중, 『김대중 자서전2』, 삼인, 2010년, p. 595. 외교 문제에 대해 자신의 입장을 개진한 초기의 글로 "한일우호의 길(상과 하)"(1953. 10. 2.와 1953. 10. 3.), "독립 이래 최중(最重)의 해 - 기민하고 폭넓은 외교를"(1954. 1. 1.) 등이 있다. 연세대학교 김대중도서관 편, 『김대중 전집 II - 제1권』, 연세대학교 대학출판문화원, 2019, pp.16-21, pp.33-36.

이 정해지고 실행되었다. 김대중 정부 시기 대중 외교는 주요 대국들 사이의 경쟁 속에서 한중 관계의 안정적 발전, 남북 관계에서의 주도적 역할과 중국의 협력 유도, 한중 경제 협력의 확대와 질적 제고, 동아시아 지역 협력을 위한 한중 협력, 이들 네 가지를 주요 방향으로 삼았다. 이 의제들은 그 의미가 양국 관계에 한정되지 않고 동북아와 한반도 정세의 변화, 한국의 미래 지향적 진로 등과도 연관이 있었다. 김대중 대통령은 이 문제들과 관련해 명확한 원칙에 입각한 한중 관계의 발전을 추구했다. 이는 당시 한중 관계 발전에 긍정적인 역할을 했을 뿐만 아니라, 지금의 한중 관계에도 많은 시사점을 던져 주고 있다.

### 1) 김대중의 외교 철학

김대중의 외교 철학은 두 개의 기본 원칙을 기초로 형성되고 심화되었다. 첫째는 실리주의적 접근이고, 둘째는 공동 이익을 기초로 하는 협력의 추구이다.

첫째, 김대중은 외교에 있어서 국익 중심주의를 강조하고 이념의 과도한 영향을 경계했다.[141]

김대중의 철학은 확고한 가치적 지향에 기초해 있다. 김대중은 누구보다 민주주의에 대한 확고한 신념을 갖고 있었다. 그는 국내에서 끊임없이 이를 실현하기 위해 투쟁했다. 1994년에는 리콴유(Lee Kuan Yew)와의 소위, 아시아 가치와 관련한 논쟁에서 아시아에 민

141 김대중 외교 철학의 실리주의적 성격에 대해서는 장신기, 앞의 책, pp. 424-428 참조.

주주의적 철학과 전통이 존재함을 강조하며, 민주주의 가치의 보편성을 옹호했다.[142] 대통령에 취임한 이후에는 민주주의와 시장 경제를 새 정부의 핵심 가치로 제시했고, 대통령으로 재임하던 시기 내내 이 가치들의 중요성을 강조했다.

그러나 김대중은 외교에서 가치의 추구는 국익이나 현실적 효과 등과 같은 요소를 고려하며 이루어져야 한다는 입장을 견지했다. 이는 그가 무엇보다 냉전 시기 이념이 맹목적 사고를 하게 만들고 국익에 부정적 영향을 주는 선택을 하게 만드는 상황을 직접 경험했기 때문이다. 김대중은 1960년대 국회의원으로 활동하는 과정에 자신의 외교관을 적극적으로 표명했는데, 이념에 얽매일 것이 아니라 국익을 기초로 자주적 외교를 모색해야 한다는 점을 특별히 강조했다.[143] 1971년 대통령 선거에 신민당 후보로 출마하며 발표한 공약 중 외교 정책 분야에서는 예속 외교에서 자유·실리 외교를 새로운 방향

---

**142** 1994년 싱가포르 전 총리 리콴유가 『포린 어페어스(Foreign Affairs)』 3/4월호에 게재된 인터뷰에서 서구와 동아시아의 문화적 차이가 두 지역의 정치 제도에 중요한 함의가 있으며, 서구의 제도를 동아시아에 강요해서는 안 된다고 주장했는데, 김대중은 이 주장을 동아시아에 민주주의가 적합하지 않다는 의미로 해석하고 같은 잡지 11/12월호 민주주의의 보편성을 옹호하는 반론을 게재했다. Fareed Zakaria, “A Conversation with Lee Kuan Yew”, Foreign Affairs, March/April, 1994; Kim Dae Jung, “Is Culture Destiny? - The Myth of Asia's Anti-Democratic Values”, Foreign Affairs, November/December, 1994. 두 사람 사이에 더 깊은 논쟁이 진행되지는 않았으나, 이 두 글은 동아시아에서 민주주의와 관련한 논의에 계속 중요한 참조점을 제공해 왔다.

**143** 이에 대해서는 『정경연구』 1965년 6월호에 게재된 한 좌담에서 확인할 수 있다. 연세대학교 김대중도서관 편, 『김대중 전집 II - 제2권』, 연세대학교 대학출판문화원, 2019, p. 594 참조. 당시 김대중은 대학생들을 대상으로 베트남 파병의 현실적 필요성을 설득하는 과정에 한국의 상황에서 친미는 국익에 따른 선택으로, 사대나 비자주적인 것이 아니라고 주장했다.

으로 제시하고, 비적성 공산 국가와의 통상 및 외교 관계 추진 등의 정책을 제시했다.[144]

이러한 맥락에서 김대중은 일찍부터 주변 4대국(미, 일, 중, 러)과의 관계를 잘 처리하는 것이 한국의 운명에 큰 영향을 미친다는 점을 일관되게 강조했다. 이는 한국의 지정학적 조건을 고려한 것이었다. 중국과의 관계에서 한국 전쟁 시기의 불행한 역사의 그림자가 여전히 짙었던 1964년 10월 26일 국회 본회의 대정부 질의에서 김대중은 중국(당시 중공으로 호칭됨.)의 UN 가입에 대한 지지가 확산되는 국제 정세를 감안해 우리의 통일 방안을 수락시키는 이익을 얻는 방향으로 외교를 전개할 것을 고려하라고 요구한 바 있다.[145] 동시에 한국이 미국과 가장 많은 이익을 공유할 수 있지만, 미국과의 관계도 무조건적으로 추종하는 것은 한국의 이익에 부정적 영향을 줄 수 있다는 점도 지적했다.

1960년대 후반부터 냉전 체제에 중요한 변화가 진행되고 있던 것을 간파하고, 1971년 대통령 선거 때 '미·소·일·중공에 의한 한반도에서의 전쟁 억제에 대한 보장 확보'를 공약으로 제시했다. 그 이후에도 세계적 차원에서 냉전 대립이 완화되는 추세 속에서 한국이 이러한 흐름에서 벗어나서는 안 된다는 점을 강조하고, 주변 4대국과 안정적 관계를 발전시키는 것을 한국 외교의 주요 방향으로 제시했다. 그

---

144 연세대학교 김대중도서관 편, 『김대중 전집 II - 제6권』, 연세대학교 대학출판문화원, 2019, p. 453.

145 연세대학교 김대중도서관 편, 『김대중 전집 II - 제3권』, 연세대학교 대학출판문화원, 2019, p. 84.

리고 "주변 4대국은 약이 될 수도 있고, 독이 될 수 있다. 우리가 힘이 약하고 분열되어 있으면 서로 지배하려고 들겠지만, 강하고 단합해 있으면 우리와 협력하려 할 것이다."라는 인식에서 기초해 4대국과의 관계를 발전시키는 외교를 추구했다. 우리나라의 이러한 위치를 '도랑의 소'에 비유하기도 했다. 즉 "도랑의 소가 되어 휘파람을 불며 양쪽의 풀을 뜯어먹을 것인지, 열강의 쇠창살에 갇혀 그들의 먹이로 전락할 것인지, 그것은 전적으로 우리에게 달려 있다."라는 것이다.[146] 주변 4대국과의 관계를 안정적으로 발전시킨 것은 김대중 정부 시기 외교의 주요 성과가 되었다.

남북 관계에서도 공허한 주장이 아니라, 문제를 실제로 해결할 수 있는 길을 모색하면서 긴장 완화와 평화 공존을 가장 시급한 과제로 제시했다. 대통령 선거가 끝난 이후 미국, 영국 등 5개국을 순방하고 귀국한 김대중은 1972년 3월 11일 서울 수운회관에서 귀국 보고 강연회를 가졌는데, 여기서 세계가 현상 유지를 기초로 평화의 길을 가는 방향으로 움직이고 있다고 평가하고, '통일 삼단계론'을 제시했다. 1단계는 전쟁 억제·긴장 완화의 단계이다. 2단계는 남북 간 교류를 확대시키는 단계이다. 1단계와 2단계를 거치면서 국민들의 의지가 모아지면 3단계로 정치적 통일을 꾀해야 한다고 주장했다.[147] 이 구상은 '평화 공존 - 평화 교류 - 평화 통일'의 '삼단계론'으로 발전한다.

---

**146** 김대중, 앞의 책, p. 596.

**147** 연세대학교 김대중도서관 편, 『김대중 전집 II - 제6권』, 연세대학교 대학출판문화원, 2019, pp. 606-609.

김대중은 1970년대까지는 통일 방안을 구체적으로 제시하지 않았는데, 여기에는 분단이 오래 지속된 상황에서 통일을 서두를 필요가 없고, 통일 방안도 국민적 토론과 합의에 기초해 만들어져야 한다는 판단이 중요하게 작용했다. 1980년대 들어선 이후 통일 방안에 대한 자신의 입장을 더 구체화할 필요성이 생기면서 여러 차례 통일 방안을 제시했지만,[148] 대통령 재임 시기까지 김대중은 남북 관계에서 평화 공존을 더 우선적 과제로 삼는 접근법을 견지했다.

둘째, 일방의 이익을 관철시키는 것이 아니라, 공동 이익을 확대시키는 것을 외교의 기본 방향으로 삼았다.

김대중은 한국이 한반도의 분단, 세계의 냉전이라는 적대와 대립이 지배하던 환경에 처해 있던 시기에 정치 활동을 전개했다. 그러나 일찍부터 대립과 대결이 문제를 해결하고 국익을 실현시킬 수 있는 길이 될 수 없다는 점을 강조했고, 상대의 이익과 한국의 이익 사이의 공통점을 찾고, 이를 확대해 가는 방향으로 외교를 전개해야 한다고 주장했다. 주변 4대국과의 관계를 발전시키는 데 있어서도 선의에만 기대지 않았다. 김대중은 이 국가들이 한반도에 대해 상반된 이해관계를 갖고 있으면서도 한반도에서 세력 균형을 유지하는 데 깊은 관심을 갖고 있다는 현실적 판단에 기초해 구체적 방침을 제시했

---

148 1980년대부터 통일 방안으로 '1민족, 2체제, 2정부'의 '공화국연방제'를 제시했고, 1991년부터는 역시 '1민족, 2체제, 2정부'의 '공화국연합제'를 1단계로 하며, 1연방 2자치 정부와 1국가 1정부를 각각 2단계와 3단계로 하는 통일 방안을 제시했다. 연세대학교 김대중도서관 편, 『김대중 전집 II - 제14권』, 연세대학교 대학출판문화원, 2019, pp. 794-802.

다.[149] 즉 국가 이익의 보호와 증진을 목표로 하며, 다른 국가들과 공동 이익을 기초로 협력해 가는 것을 주요 원칙으로 삼았다.

김대중이 외교에서 이익과 실리를 강조한다고 가치를 외면한 것은 아니다. 김대중은 인류의 보편적 이익을 증가시키는 가치에 대한 지지도 명확히 했다. 다만 이와 관련해서도 가치의 선언에 자족하는 것이 아니라, 이러한 가치의 실현에 실질적으로 도움을 줄 수 있는 현실적인 길을 찾기 위해 고민했다. 특히 공동 이익을 실현하고 공동 이익을 확대시키는 방식의 협력이 보편적 가치 실현을 위한 더 적절한 길이라는 신념을 가지고 있었다.

이렇게 보면 김대중의 실리주의는 단순히 이익의 추구만이 아니라, 외교에서 이익과 가치의 실현이라는 두 개의 목표를 추구하는 데 있어 이성적이고 합리적 사고의 중요성을 강조한 것이라고 할 수 있다. 이러한 외교 철학이 김대중 정부 시기 국제 정세의 적지 않은 변화 속에서도 한중 관계를 안정적으로 발전시킬 수 있는 기초를 제공했다.

## 2) 김대중 정부 시기 대중 외교의 원칙과 실행

### 가. 동북아 지정학과 한중 협력 관계의 발전

1990년대 중반부터 미중 관계에서 경쟁적 측면이 증가하면서 한국 외교에 적지 않은 어려움을 가져다 주고 있었다. 이 문제를 처리

149 김대중은 1983년 5월 13일 미국 캘리포니아 주립대학(버클리)에서 진행된 세미나의 발언 중에서 이 점을 상세하게 설명한 바 있다. 연세대학교 김대중도서관 편, 『김대중 전집 II - 제10권』, 연세대학교 대학출판문화원, 2019, pp. 287-289.

하는 김대중 대통령의 원칙은 다음의 말에 잘 요약되어 있다.

> 한국은 4대국 사이에 끼어 있는데, 자칫 잘못하면 찢기고 당할 수 있지만 잘만 하면 우리의 지정학적 중요성 때문에 4대국이 서로 협력하려 할 것입니다. 말하자면 색시 하나를 두고 신랑감 넷이 프러포즈를 하게 만들 수 있는 것입니다. 그것이 외교입니다. 그 가장 중요한 외교 상대 가운데 하나가 바로 중국입니다. 그런 점에서 중국은 오늘 이 시점에도 중요하지만 내일은 더 중요한 나라입니다. (1998.11.11 중국 국빈 방문 시 조어대에서 열린 동포들과 간담회에서의 발언)[150]

한반도를 둘러싸고 주변 대국들 사이에 치열한 경쟁이 있어 왔지만, 이는 주변 대국들이 한국을 중요하게 볼 수 있는 요인도 되며, 이렇게 만드는 것이 외교라는 것이 이 말에 담겨 있는 중요한 의미이다. 한국의 지정학적 위치를 고려하면 대국들의 경쟁 속에서 우리가 어느 한 편을 선택하고 다른 한 편을 적대시하는 것은 상책이 될 수 없다.

물론 대국 사이에서의 외교는 쉽지 않다. 특히 한미 동맹을 기초로 하는 외교 안보 정책을 추구하는 상황에서 한중 협력을 어떻게 발전시킬 것인가는 항상 어려운 문제이다. 중국은 개혁 개방 이후 2000년대까지는 자신이 부상하는 과정에서 평화적인 주변 환경 조성을 핵

---

150 김대중, 앞의 책, pp. 128-129.

심적 외교 목표로 삼고 주변 국가들과의 관계 개선을 적극적으로 추진해 왔다. 그렇기 때문에 미중 경쟁, 한미 동맹 등의 불안정 요인이 존재함에도 불구하고 중국과 협력적 관계를 발전시킬 수 있는 공간은 꽤 넓었다. 따라서 김대중의 원칙과 주장은 현실성이 있었으며, 이후 한중 관계의 지속적인 발전이 이를 입증했다.

이러한 추세를 유지하는 데 가장 관건이 되는 것은 한미 동맹과 한중 협력이 상충하지 않도록 하는 것이다. 김대중 대통령은 분단 상황에서 한국의 안보가 갖는 한미 동맹의 중요성을 누구보다 강조했다. 특히 한반도의 긴장 완화와 남북 관계의 발전을 추구하면서도 북한의 위협이 사라진 이후나, 통일 이후에도 동아시아에서의 평화 유지와 힘의 균형을 위해 주한 미군이 계속 주둔할 필요성이 있다는 입장을 여러 차례 공개적으로 밝혔다.[151] 이러한 입장은 주한 미군을 잠재적 위협으로 간주하는 중국과의 관계에 부정적 영향을 미칠 수 있었다. 그러나 중국은 당시 동아시아의 안보 협력에서 미국의 군사적 존재와 쌍무적 군사 협정을 당분간은 수용할 것이라는 입장을 보이고 있었다.[152] 뿐만 아니라 김대중 대통령이 남북 관계의 개선을 통한 한반도 긴장 완화를 추구했기 때문에, 중국으로서는 한반도에서 미국의 군사적 영향력의 증가를 우려할 필요가 줄어들었다. 즉 주한

151 1998년 5월 7일 미국 코리아 소사어티·아시아 소사이어티·미국 외교협회 등이 공동 주최한 오찬에서의 연설. 연세대학교 김대중도서관 편, 『김대중 전집 I - 제1권』, 연세대학교 대학출판문화원, 2015, p. 313.

152 다만, 이 존재들이 원래의 범위를 벗어나서는 안 되며, 또한 제3국 특히 중국을 겨냥하는 방향으로 목적이 변화되어서는 안 된다는 점을 전제로 하는 것이다. 王逸舟, 『全球政治和中國外交』, 世界知識出版社, 2003年, p. 298.

미군 문제가 잠재적 갈등 요인이기는 했지만, 김대중 정부는 한미 동맹이 중국에게 위협이 되지 않는 방향으로 운영될 것임을 인식시킬 수 있었기 때문에, 미중 관계의 경쟁적 측면이 증가하고 있는 상황이 한국 외교에 큰 딜레마를 조장하지 않도록 관리하고, 한중 관계를 지속적으로 발전시킬 수 있었다.

2000년 11월 미국 대통령 선거에서 부시가 당선된 이후 상황이 변화하며, 한미 동맹과 한중 협력 사이의 균형점을 찾는 것을 어렵게 만드는 환경이 조성될 수 있었다. 그러나 이러한 상황에서도 한중 협력을 확대하는 기조는 유지되었다. 앞에서 설명한 것처럼 한중 간 군사 교류도 이 시기 계속 확대되었다. 2001년 9. 11 사건 이후에는 부시 정부의 대외 정책 초점이 중동에서의 반테러 전쟁으로 이동하면서 김대중 정부의 임기 말까지 한미 동맹과 한중 협력의 양립이 가능한 국제적 공간이 계속 넓게 열려 있었고, 이는 한국의 대중 외교에 긍정적으로 작용했다.

### 나. 남북 관계에서의 주도적 역할과 중국의 협력

김대중 정부는 출범 직후 경제 위기 극복이 가장 시급한 과제였지만, 남북 관계의 발전도 가장 핵심적 국정 과제 중 하나였다. 김대중 정부는 출범과 함께 대북 정책의 기본 방향으로 다음 세 가지를 제시했다. 첫째, 북한에 의한 무력 도발은 절대 용납하지 않는다. 둘째, 북한에 대한 흡수 통일도 추구하지 않는다. 셋째, 남북 간에 다방면에 걸쳐 교류·협력을 추진함으로써 남북 관계를 실질적으로 개선해 나간다. 이러한 정책 기조를 실현하기 위해 1997년 12월부터 남북한과 중국, 미국이 참여해 진행되고 있는 4자 회담과 남북 대화를 분리하여 병행 추진한다는 입장을 정리했다.[153] 즉 화해와 교류 협력처럼 남북한 당사자 간에 논의될 수 있는 사안들은 남북 대화에서 협의하고, 한반도 평화 체제 구축 문제 등 미국과 중국의 참여로 효율적인 실현이 가능한 것들은 4자 회담에서 다루어 나가는 방향이다.[154]

그리고 이러한 노력에 대해 다른 국가, 특히 주변 4대국의 지지와 협력을 이끌어 내는 것이 중요한 외교적 과제가 되었다. 북한과의 특수 관계를 고려하면 중국과의 사전 조율이 빠질 수 없었다. 1998년 11월 한중 정상 회담에서 김대중 대통령은 새로운 대북 정책에 대한 설명에 많은 힘을 쏟았다. 이에 장쩌민 국가주석은 "우리는 남북한 당사자 간 해결 원칙을 견지해 왔습니다. … 남북 양측이 점차 신뢰를 회복하고 관계를 개선해 나가기를 희망합니다."라고 답하면서 김대중 정부의 남북 관계 개선을 위한 노력에 대한 지지 입장을 표명했다.[155] 정상 회담 후에 발표된 공동 성명의 5항에는 "중국 측은 … 한반도 남북 양측의 대화와 협상을 통한 한반도에서의 자주적인 평화 통일 실현을 지지"한다는 내용이 포함되었다.

중국도 김대중 정부의 대북 정책 기조를 환영했다. 중국은 한반도에서 돌발적 사건이 발생해 원하지 않는 국제 분쟁에 연루되고, 경제

---

**153** 임동원, 『피스메이커』, 중앙북스, 2008년, p. 342.

**154** 1998년 4월 4일 런던대학교 SOAS 초청 강연회 연설. 연세대학교 김대중도서관 편, 『김대중 전집 I - 제1권』, 연세대학교 대학출판문화원, 2015, p. 140.

**155** 김대중, 앞의 책, pp. 129-130.

건설에 부정적인 영향이 발생하는 것을 우려하고 있었는데, 김대중 정부의 대북 정책은 이러한 우려를 크게 줄일 수 있었기 때문이다. 이 시기 중국은 한반도 문제와 관련해 일관되게 다음 세 가지 입장을 밝혀 왔다. 첫째, 한반도의 평화와 안정을 위해 노력하고, 둘째, 한반도 남북 양측의 대화와 협상을 통한 한반도에서의 자주적인 평화 통일 실현을 지지하고, 셋째, 한반도 비핵화 공동 선언의 목표를 하루속히 실현한다.[156] 이러한 중국의 입장은 김대중 정부의 '햇볕정책'과 공통점이 많았다. 김대중 대통령도 이를 명확하게 인식하고 있었다. 2000년 2월 16일 중국 『인민일보』에 게재된 인터뷰에서 "우리는 한반도 평화에 있어서도 양국의 국익이 일치합니다. 한반도에서 전쟁이 일어나서는 안 되고, 남북이 서로 교류해야 되며, 한반도에서 핵이 있어서는 안 된다는, 이런 등등에 있어서 양국의 생각이 같고, 또 이 점에 있어서 이해가 일치합니다. 또 한반도 평화에 있어서 이러한 중국의 우리와 일치되는 태도가 크게 기여해 왔기 때문에 이 점에 있어서 우리는 앞으로도 계속 협력을 확대할 수 있을 것으로 믿고 있습니다."라고 말했다.[157]

새로운 대북 정책의 적극적 추진을 위해 김대중 정부는 1998년 하

---

156 김대중 대통령 국빈 방중 계기 한중 간 공동 성명(1998.11.13) 5항에 중국의 이러한 입장이 천명되어 있다. 2002년 10월 2차 핵 위기가 발생한 이후 2003년 7월 방중한 노무현 대통령과의 정상 회담에서 후진타오 국가주석은 중국의 한반도 정책으로 남북 쌍방의 화해와 협력, 한반도의 자주 평화 통일의 실현 등을 지지한다는 입장을 다시 천명했다. 그리고 한반도 비핵화에 대한 원칙으로 '한반도의 평화와 안정, 한반도 비핵화의 견지, 대화를 통한 평화적 문제 해결 추구' 등 세 가지를 제시했다. 『人民日報』, 2003年 7月 8日.

157 연세대학교 김대중도서관 편, 『김대중 전집 I - 제4권』, 연세대학교 대학출판문화원, 2015, p. 172.

반기, 당시 임동원 외교안보수석 주도하에 한반도 문제 해결과 냉전 구조의 해체를 연관시켜 추진하는 '한반도 냉전 구조 해체를 위한 포괄적 접근 전략'을 작성했다. 김대중 대통령은 1999년 5월 5일 세계 언론인 국제 회의에서의 화상 연설에서 한반도 냉전 구조를 해체하고 한반도에서 항구적인 평화와 안정을 이루기 위한 주요 과제를 제시하고, 이 과제들이 주변국과의 협력과 공조를 바탕으로 해결되어야 한다는 점을 강조했다.[158] 1999년 2월 임동원 수석이 이 구상을 직접 중국에 설명했을 때, 이들로부터 "한반도 문제 해결을 거시적 시각과 전략적 관점에서 보아야 한다는 김 대통령의 전략 구상은 상상력이 넘치며, 지금까지 나온 것들 중에서 가장 완벽한 구상"이라는 평가를 받았다.[159] 이 방안은 미국과의 조율을 통해 6. 15 남북 정상 회담 성사로 이어졌다. 중국은 이를 적극적으로 환영했을 뿐만 아니라, 북중 협력을 확대하며 남북 관계의 변화를 간접적으로 지원했다. 김대중 대통령은 2000년 10월 18일 한국을 방문한 주룽지 중국 총리를 위한 만찬 건배사에서 중국은 남북 모두에게 훌륭한 조언자라고 중국의 역할을 평가했다.[160]

그러나 부시 정부의 출범 이후 북미 사이의 갈등이 고조되고, 대북 정책을 둘러싼 한국과 미국, 특히 미국 내 네오콘 세력과의 갈등이

---

158 연세대학교 김대중도서관 편, 『김대중 전집 Ⅰ - 제3권』, 연세대학교 대학출판문화원, 2015, pp. 8-11.

159 임동원, 앞의 책, p. 421.

160 연세대학교 김대중도서관 편, 『김대중 전집 Ⅰ - 제5권』, 연세대학교 대학출판문화원, 2015, p. 253.

이 시기 효과적인 대북 정책 추진을 가로막았다. 결국 2002년 10월 2차 북핵 위기가 발생하면서 남북의 화해와 협력을 위한 노력이 높은 벽에 부딪혔다. 이러한 상황 속에서도 김대중 대통령은 한반도 긴장 완화와 평화를 촉진하기 위한 한중 협력을 계속 모색했다. 김대중 대통령은 2001년 5월 리펑 전국인민대표대회 상무위원장을 위한 오찬 건배사에서 '햇볕정책'이 남과 북은 물론, 중국과 세계 모든 나라에도 이익이 되는 윈-윈 정책이라는 점을 강조하면서 중국이 '햇볕정책'에 대해 과거와 마찬가지로 계속되는 지원을 아끼지 말아 줄 것을 요청했다.[161] 이러한 노력을 통해 북핵 위기가 파국으로 치닫지 않고 6자 회담 등의 대화를 통해 해결을 모색할 수 있는 기반을 마련했다.

### 다. 동반 성장의 경제 협력

경제 교류는 양국 관계에서 가장 빠르게 진전된 영역이었지만, 문제가 없지 않았다. 중국은 무역 불균형을, 한국 내에서는 중국 산업의 한국 추격과 제조업의 중국 이전을 각각 우려하고 있었다. 동아시아 금융 위기는 자국의 경제 안전 문제에 대해 더 민감하게 만들었다. 이에 대해 김대중 대통령은 양국의 경제가 공동의 이익을 위해 노력할 때 경쟁이 발전적 경쟁이 될 수 있다고 주장했다. 그리고 "양국 경제가 서로 협력함으로써 성장과 번영에 있어서 동반 상승의 효

161 연세대학교 김대중도서관 편, 『김대중 전집 I - 제6권』, 연세대학교 대학출판문화원, 2015, p. 303.

과를 거둘 수 있기 때문입니다. … 일부에서는 한국과 중국은 경제적으로 경쟁 관계에 있다는 이야기를 합니다만, 나는 의견을 달리하고 있습니다. … 이렇게 양국 간의 관계가 밀접해지고 있는 까닭은 바로 협력을 통해 보다 많은 발전과 번영의 기회를 얻을 수 있다는 사실을 이미 확인했기 때문입니다."라며 양국 경제의 동반 상승이라는 방향을 제시했다.[162]

중국도 이러한 인식을 공유했다. 주룽지 총리는 한국 방문 당시 한국경제단체 오찬회 연설(2000년 10월 18일)에서 한중 협력과 관련해 "협력 과정에서 나타나는 문제들을 즉각적이고 적절하게 처리해야 합니다. 중한 경제 관계의 빠른 발전에 따라 양국 교류 과정 중에 이런 저런 문제가 출현하는 것은 피할 수 없습니다. 중요한 것은 발전의 관점에서 우호 협력 관계의 수호에 입각하여 실사구시와 호혜·윈-윈의 원칙에 따라 문제를 원만히 해결할 수 있는 방법을 찾는 것입니다."라고 한중 경제 협력에서 직면하는 문제를 처리하는 원칙을 제시했다.[163]

물론 새로운 문제가 계속 출현했다. 한국의 대중 무역 흑자는 계속 증가해 2002년 63.5억 달러(중국 측 통계에 따르면 130.7억 달러)를 기록했고, 한중 간 최대 통상 현안이 되었다. 그러나 한중 간 무역 불균형은 주로 산업 내의 수평적 분업 구조 형성에서 기인한 것이고, 중

---

162 1998.11.13 한중 경제인 오찬 연설, 연세대학교 김대중도서관 편, 『김대중 전집 I - 제2권』, 연세대학교 대학출판문화원, 2015, p. 163.

163 中華人民共和國外交部亞洲司, 『한중 수교20주년: 한중간 주요 연설 및 문헌집』, 世界知識出版社, 2012년, p. 79.

국은 이러한 분업에 기초해 상품 경쟁력을 높여 대미 수출을 증가시킬 수 있기 때문에 국제 분업 체제 내에서 보면 양국 교역은 경쟁적이라기보다는 상호 보완적이라고 볼 수 있었다. 이는 양국 간 교역에서 무역 불균형 문제가 계속 존재하고, 지속적으로 확대되었음에도 불구하고 통상 마찰을 최소화시킬 수 있었던 주요 원인이기도 하다.

김대중 정부 시기의 소위 '마늘 파동'도 양국 관계에 부정적 영향을 주었다. 2000년 6월 1일 한국 재정경제부는 중국산 냉동 마늘과 초산조제 마늘의 관세율을 2003년 5월까지 30%에서 최고 315%로 대폭 올리는 세이프가드 조치를 취했다. 이는 국내 농민 보호라는 측면에서는 정당화될 수 있지만, 한국과의 무역에서 무역 적자를 기록하고 있는 중국의 입장에 대한 고려가 부족한 것이었다. 중국은 한국의 조치에 대해 강력하게 항의하면서 한국산 휴대폰과 폴리에틸렌 수입을 잠정 중단하는 보복 조치를 취했다. 당시 한국으로서는 교역액이 1000만 달러에 미치지 못한 상품에 대한 보호 조치에 교역액이 5억 달러가 넘는 상품에 대해 규제 조치를 취한 것에 대한 불만이 높았으나, 당시 중국이 WTO에 가입하지 않은 상태로 WTO 제소 등 이 문제를 해결할 수 있는 다른 방법을 강구할 수 없었다. 결국 양자 협상을 통해 7월 31일 한국은 긴급 관세 부과를 철회하고, 중국은 보복 조치를 철회하는 합의에 도달하면서 이 문제는 일단락되었다. 당시 마늘 파동을 빠르게 마무리하고 양국 관계에 큰 영향을 미치지 않은 것은 긍정적으로 평가할 수 있다. 이는 자신의 입장만을 고려한 행위가 양국 관계에 부정적 영향을 미칠 수 있으며, 양국의 교류가 확대될수록 자신의 행위가 상대에게 미칠 수 있는 영향에 대한 이해가 필요하다는 점을 보여 준 사건이었다.

그리고 한류가 중국 내에서 확산되는 것에 대해 중국 내에서는 경계심을 갖는 사람들도 생기고 있었다. 사실 한국 전쟁 이후 40년 가까이 양국 관계가 단절된 이후, 수교한 지 10년도 안 되어 동반자 관계로 전환되었기 때문에 양국 국민들 사이의 가치관이나 문화적 감수성의 차이가 큰 상황이었다. 이러한 상황에서 한류가 빠르게 확산된 것도 의외이지만, 그 과정에서 문화적 충돌과 갈등이 발생할 가능성도 증가했다. 김대중 대통령은 이러한 우려에 대해 2001년 11월 5일 'ASEAN+3' 회의가 열린 브루나이에서 진행된 주룽지 총리와의 회담에서 "중국은 1,500여 년에 걸쳐 중국 문화를 우리에게 수출해 왔으며, 우리도 이러한 교류를 통하여 우리 문화의 중심을 잡았습니다. 그런 점에서 중국도 1,500년까지는 아니더라도 적어도 100년 정도는 우리 문화의 영향을 받아도 문제가 없다고 생각합니다."라며 양국 문화 교류를 적극적으로 옹호했다.[164] 그리고 김대중 정부가 문화산업 육성을 위해 많은 힘을 쏟았지만, 이를 문화의 일방적 전파라는 차원에서 접근하지 않았다. 1999년 2월 4일 김대중 대통령은 "우리는 앞으로 세계 문화를 과감하게 받아들여야 합니다. 그렇기 때문에 일본 문화를 받아들이도록 개방하고 있습니다. 문화 폐쇄주의나 문화 쇄국주의는 남을 해치는 것이 아니라, 오히려 나를 해치는 것입니다. 우리 한국 국민은 세계 어느 문화를 받아들이더라도 그것을 내

---

**164** 김대중, 앞의 책, p. 454.

것으로 재창조할 그런 능력과 힘이 있습니다."라며 문화의 개방적 교류를 전제로 하는 문화 산업의 발전을 추구했다.[165]

중국에서도 이 문제를 기본적으로는 민간 부분의 선택에 맡기면서 한류의 발전을 인위적으로 제약하지 않았다. 한류는 중국 내 일부의 불만에도 불구하고 문화 충돌과 같은 부정적인 방향이 아니라, 문화 교류의 확산이라는 긍정적인 방향으로 진전되었다.

### 라. 지역 협력을 위한 동력 제공

유럽에서 동서 냉전 체제가 약화되던 1990년, 말레이시아 당시 총리 마하티르(Mahathir bin Mohamad)는 아세안과 중국, 한국, 일본 등이 참여하는 EAEC(East Asia Economic Caucus) 창설을 제안했다. 그러나 이는 미국과 일본의 반대로 실현되지 못했다. 그런데 1997년의 동아시아 금융 위기가 동아시아에서 지역주의 논의를 활성화시키고, 그와 관련한 협력을 촉진할 수 있는 계기를 제공했다. 동아시아 금융 위기에 대한 대책을 논의하기 위해 1997년 12월 아세안 국가들과 동북아의 한, 중, 일 정상들이 참여하는 'ASEAN+3' 정상 회담이 처음으로 열렸다.

이 시기 출범한 김대중 정부는 위기를 새로운 발전과 번영의 기회로 전환시키기 위한 동아시아 협력을 적극적으로 추진했고, 한중 협력을 동아시아 협력의 주요 동력으로 삼아야 한다는 방향을 제시했

165 재외 문화 홍보관 및 한국 관광공사 해외 지사장 접견 시 발언. 연세대학교 김대중도서관 편, 『김대중 전집 I - 제2권』, 연세대학교 대학출판문화원, 2015, p. 311.

다. 김대중 대통령은 방중 중인 1998년 11월 13일 한중 경제인 주최 오찬 연설에서 “한중 경제 협력의 첫 번째 과제는 바로 당면한 아시아 경제 위기를 극복하기 위해 우리가 함께 공동의 노력을 경주하는 것입니다.”라고 강조하고, “나아가 한중 양국은 아시아 경제의 회생을 위한 아시아 국가들 간의 협력에 중심이 되어야 합니다.”라며 지역 협력 속에서 한중 관계가 갖는 중요성을 강조했다.[166] 양국 정상 회담에서 두 나라는 “아시아의 현 경제와 금융 위기를 극복하는 데 긴밀히 협조하기로 합의”했다.

1998년 12월 베트남 하노이에서 열린 ‘ASEAN+3’ 정상 회담에서 김대중 대통령은 동아시아의 포괄적 협력을 위한 비전을 만들기 위해 동아시아 비전 그룹(EAVG) 구성을 제안해 동의를 받았다. 1999년부터 활동을 개시한 동아시아 비전 그룹의 보고서는 2001년 11월 브루나이에서 열린 ‘ASEAN+3’ 정상 회담에서 채택되었다. 이는 김대중 대통령의 동북아시아와 동남아시아를 넘어서는 동아시아 차원의 지역 협력을 모색해야 한다는 주장이 수용된 결과이다. 1999년 11월 필리핀에서 ‘ASEAN+3’ 정상 회담이 열렸을 때는 한중일 정상 회담도 같이 개최되었다. 김대중 대통령은 이를 획기적인 일로 평가하고, 중국의 참여 결정을 높이 평가했다.[167] 그리고 김대중 대통령이 2000년 11월 싱가포르 ‘ASEAN+3’ 정상 회담에서 한 제안에

---

**166** 연세대학교 김대중도서관 편, 『김대중 전집 Ⅰ - 제2권』, 연세대학교 대학출판문화원, 2015, p. 163.

**167** ‘ASEAN+3’ 정상 회의 참석 및 필리핀 방문 귀국 보고, 연세대학교 김대중도서관 편, 『김대중 전집 Ⅰ - 제3권』, 연세대학교 대학출판문화원, 2015, p. 453.

따라 2001년 3월 동아시아 연구 그룹(EASG)이 발족해 활동을 시작했다. 이어서 2002년 11월에 제출한 보고서를 통해 동아시아 공동체를 지역 협력의 최종적 목표로 제시하고, 이를 위한 17개 협력 사업과 동아시아 정상 회의(EAS)를 포함한 9개 중장기 사업을 제시하였다.[168]

이러한 노력의 성과에 대해 중국 주룽지 총리는 2000년 10월 28일 한국경제단체 초청 오찬회 연설에서 "동아시아 금융 위기 이후 중한 양국은 위기 완화와 지역 경제 안정에 대해 효과적인 협의와 협력을 해 왔습니다. 중한 경제 협력은 양자 관계에서 지역과 다자 관계로 확대되었습니다."라며 지역 협력을 위한 한중 협력에 대해 긍정적으로 평가했다.[169] 중국은 이때부터 동아시아 협력 등, 다자 협력에 대해 적극적인 태도를 보이기 시작했다.

이러한 성과에는 동아시아 금융 위기라는 객관적인 상황도 중요하게 작용했지만, 한중이 동아시아 협력이라는 방향에 대해 입장을 같이 하고, 이를 위한 협력을 강화했던 점도 중요한 요인 중 하나였다. 특히 일본과 중국이 동북아나 동아시아 차원의 지역 협력에 대한 적극성이 높지 않았던 상황에서 김대중 정부가 이 의제를 적극적으로 제기하고, 동남아시아 국가들과 한중일 사이의 협력을 증진시키는 플랫폼을 강화하는 데 주도적인 역할을 했다. 그리고 한중 협력이 동아시아 차원의 지역 협력에 중요한 동력을 제공했으며, 한국으로

---

168 'ASEAN + 3'의 동아시아 협력에 대한 논의에서 김대중 대통령의 리더십에 대해서는 이재현, 「동아시아 지역 협력과 역내 리더십: 마하티르와 김대중의 동아시아 지역 협력 구상」, 『동아시아공동체연구회, 동아시아공동체와 한국의 미래』, 이매진, 2008 참조.

169 中華人民共和國外交部亞洲司, 앞의 책, p. 88.

서는 이러한 다자 협력 메커니즘을 통해 한중 관계의 제도화 수준을 높일 수 있었다.

최근 동아시아 내부의 정치적 균열이 증가하고 있다. 그러나 'ASEAN+3' 메커니즘은 여전히 지역 차원의 협력을 유지하고 새로운 동력을 만들 수 있는 기반을 제공하고 있으며, 경제적 차원에서는 2020년 11월 역내 포괄적 경제 동반자 협정(RCEP)이 체결되는 등, 'ASEAN+3'을 기초로 하는 협력이 계속 확대되고 있다.

## 4. 김대중 정부 시기 대중 외교의 현재적 의의

김대중 정부 이후 한국과 중국은 노무현 정부 시기에는 '전면적' 협력 동반자 관계, 이명박 정부 시기에는 '전략적' 협력 동반자 관계를 발전시키기로 합의했다. 박근혜 정부는 전략적 협력 동반자 관계의 내실화를 방향으로 제시했다. 이 시기 한중 관계는 경제 교류는 물론이고, 정치 분야 및 국제 사회에서의 협력도 빠르게 진전되었다. 한중 교역 규모는 한미, 한일 교역량을 합친 것보다 많아졌다. 그리고 양자 교류와 국제 무대에서 양국 간 정상 및 지도층 사이의 교류도 꾸준히 확대되어 왔다.

그러나 이 시기 한중 관계의 어려움도 뚜렷이 증가했다. 특히 양국 관계를 전략적 협력 동반 관계로 격상한 이후에 전략적 갈등이 오히려 증가하는 역설적 상황이 출현했다. 결국 2016년 한국과 미국의 사드 무기 체계 배치 결정으로 한중 관계가 크게 악화되었고, 이 문제는 여전히 말끔하게 해결되지 않고 있다. 2020년부터 본격화된 미중 전략 경쟁은 한중 관계에 구조적 제약 요인으로 작용하고 있다. 한중 경제 관계는 여전히 양적으로 다른 양자 관계가 대체할 수 없지만 경쟁적 측면이 점점 증가하고 있고, 발전 동력도 약화되고 있다. 이러한 변화 과정에 양국 국민 사이의 상호 인식도 부정적 방향으로 변화했다.

이러한 변화는 한중 관계가 김대중 정부 시기 때와는 사뭇 다른 환경에 처해 있음을 의미한다. 그러나 이 사실로 김대중 정부 시기 대중 외교 경험이 의미를 완전히 상실되는 것은 아니다. 무엇보다 김대중이 여러 차례 강조했듯이 주변 4대국과의 관계는 우리에게는 운명과 같은 것이다. 중국의 국력이 증가하고, 국제 사회에 대한 영향력이 증가할수록 대중 외교의 중요성은 더 커진다. 도전이 적지 않지만 그것이 바로 외교가 필요한 이유이기도 하다. 4장에서는 제3자 문제와 양자 관계 두 차원에서 한중 관계에 제기된 도전을 극복해 가는 데 김대중 정부의 대중 외교가 어떤 시사점을 주고 있는가를 검토하고자 한다.

### 1) 한미 동맹과 한중 협력의 관계

최근 한중 관계를 가장 어렵게 만드는 요인은 중국이 한미 동맹을 자신에 대한 위협으로 인식하고, 한미의 군사 협력 강화에 예민하게 반응하는 것이다. 김대중 정부 시기에도 이러한 문제가 전혀 없었던 것은 아니다. 임동원 당시 청화대 외교안보수석이 1999년 2월 방중했을 때, 중국 측 인사는 "미국 일각에서 북한 미사일 발사를 구실로 지역 내 긴장을 조성하며 MD(미사일 방어 체계) 개발을 추진하고 있는데, 그 과녁이 어느 나라인지는 분명하다."라며 이에 대한 중국의 우려를 표명한 바 있다.[170] MD 문제에 대한 중국의 민감한 반응은 이것이 결국 중국 대륙간 탄도 미사일을 대상으로 한다는 이유 외에, 이를 매개로 한미일 군사 협력이 발전될 가능성을 우려했기 때문이다.

그러나 김대중 정부 시기에는 한미 동맹에 대해 부정적 인식을 공개적으로 표명하지는 않았다. 중국의 태도는 이명박 정부 출범 이후 변화되었다. 이명박 대통령이 중국 국빈 방문을 위해 중국에 도착한 2008년 5월 28일 중국 외교부 대변인이 "한미 군사 동맹은 냉전 시대의 유산이며, 군사 동맹으로는 현재 세계 혹은 지역이 직면한 안보 문제를 해결할 수 없다."라는 입장을 밝혔다. 중국의 한미 동맹에 대한 부정적 인식은 2010년 천안함 사건(3월)과 연평도 포격 사건(11월) 이후 서해에서 미국 항공 모함 조지 워싱턴호가 참여한 한미 연합 군사 훈련이 추진되고 실행되는 과정에서 다시 분명하게 표출되었다. 2020년 7월 1일 중국 인민해방군 부참모총장 마샤오톈(馬曉天)이 이에 "매우 반대한다."라는 입장을 표명했으며, 중국의 『환치우스바오(環球時報)』는 "한미 동맹을 강화시키면서 동북아 지역의 전략적 균형을 변화시키고 있다.", "한국이 주도적으로 미국에 요구해 미군 항공 모함이 서해 군사 훈련에 참가하도록 해, 중국인의 불안감을 자극하고 동북아 정세에 각축 지점을 추가했다."라며 한미

170 임동원, 앞의 책, p. 421.

동맹 자체를 문제로 삼는 논평을 게재했다.[171] 중국 정부가 한국과 수교한 이후 한미 동맹에 대한 부정적 인식을 이처럼 직접적으로 표명한 것은 예외적인 일이었다. 그런데 2010년대 들어서 이러한 부정적 상호 작용이 꾸준히 증가해 왔고, 2016년 사드 갈등으로 이어졌다.

이 문제는 미중 경쟁이라는 변수의 영향을 크게 받는다는 점에서 한중 관계 내에서 해결이 어렵다. 즉 미중 관계가 부정적 방향으로 움직일수록 중국은 한미 동맹을 자신의 안보에 대한 위협 요인으로 간주할 가능성이 증가한다. 뿐만 아니라 미국도 중국과 경쟁하는 데에 한국의 더 적극적인 협력을 요구해 왔다. 앞으로 상당 기간 미중 전략 경쟁이 치열하게 전개될 것인데, 그 속에서 한국이 어떤 포지션을 취할지가 매우 어려운 문제가 되었다. 1990년대 후반부터 미중 관계의 불안 요인이 증가한 것은 사실이지만, 갈등이 미중 관계 전반에 영향을 미치지 않았던 2000년대까지의 상황과는 분명히 다르다.

그러나 지금도, 그리고 앞으로 상당 기간 섣부르게 미국과 중국 중 어느 한편을 선택할 필요는 없고, 그래서도 안 된다. 무엇보다 한국이 최근 3~40년 동안 경제, 사회 그리고 정치적 전환과 도약을 성공적으로 이루어 내었는데, 그 시기는 대체로 한국이 미국과 중국 모두와 협력 관계를 발전시켰던 시기와 일치한다. 냉전 시기에도 일정한 경제 성장을 이루기는 했지만, 그러한 환경은 지금 한국의 경제적, 사회적 그리고 정치적 활력을 뒷받침할 수 없다. 김대중 대통령이 누누이 강조한 것처럼, 주변 4대국과의 관계를 안정적으로 발전시킬

171 「东北亚稳定, 韩国清醒至关重要」, 『环球时报』, 2010年 8月 20日.

때 한국의 안정적이고 건강한 발전을 보장할 수 있다. 이러한 대외 환경이 유지될 수 있도록 하는 것은 여전히 한국 외교의 가장 중요한 과제이다.

뿐만 아니라 미중 전략 경쟁이 양자택일적 상황까지 진행된 것은 아니다. 미중 전략 경쟁이 새로운 추세라 미중 사이의 갈등적 측면이 전면에 부각되고 있지만, 미중 사이에 여전히 양적으로나 질적으로 높은 수준의 교류와 협력이 유지되고 있고, 또 새로운 협력도 필요해지고 있다. 2018년 이후 미중 사이의 무역 갈등이 그 어느 때보다 높은 강도로 진행되었지만, 2022년 미중 무역 규모는 6906억 달러(미국 측 통계, 중국의 대미 수출은 5368억 달러이고, 미국의 대중 수출은 1538억 달러)로 2018년 6588억 달러를 넘어서 역사상 최대 규모를 기록했다. 첨단 기술 영역에서의 디커플링이 진행되고 있지만, 이것이 양자 경제 관계의 디커플링으로 이어지지는 않을 것이다. 전략적 영역에서 미중이 치열한 경쟁을 전개하고 있지만, 최근 미중 정상회담에서 계속 강조되고 있듯이 이러한 경쟁이 충돌로 나아가지 않도록 하는 협력이 미중 모두에게 필요하다. 이러한 상황에서 미국이 다른 국가들에게 경제적으로나 정치적으로 중국과의 관계를 단절시키라는 요구를 하기는 어려울 것이다. 그리고 기후 변화 대응처럼 양국 협력을 필요로 하는 문제도 있다. 즉 미중 전략 경쟁에도 불구하고 다른 국가들이 미국과 중국과의 관계를 동시에 발전시킬 수 있는 공간은 여전히 존재한다.

주변 4대국과의 외교에서 공동의 이익에 기초해 협력을 확대하고,

한국의 기본 입장을 논리적으로 설명하며, 갈등 요인들을 관리하고자 했던 김대중의 접근법이 이러한 가능성을 현실화시키는 데 여전히 중요한 함의를 갖고 있다. 김대중은 한미 동맹의 중요성을 강조했지만, 동시에 이것이 중국과의 관계를 훼손하지 않을 것이라는 신뢰를 얻기 위해 노력했다. 미국과의 관계에서도 자신이 추진하는 동아시아 협력이나 '햇볕정책' 등이 미국의 이익에 부합한다는 점을 논리적으로 설명하려는 노력을 계속했다. 지금처럼 국제 정세의 불확실성이 높아지는 상황에서 더 소중한 태도이다.

김대중은 또한 한국 외교의 공간을 넓히는 데 있어 남북 관계가 갖는 의미를 누구보다 앞서서, 그리고 깊게 이해했다. 김대중 정부 시기 중국을 포함한 주변 4대국과의 관계를 안정적으로 발전시킬 수 있었던 데에는 남북 관계 진전이라는 요인이 중요하게 작용했다. 사드 갈등이 보여 주는 것처럼, 남북 관계의 악화와 군사적 대립은 한국의 미국과의 군사 협력 강화와 이에 대한 중국의 반발이라는 악순환을 촉발하게 된다. 현재와 같이 미중 전략 경쟁이 본격화되는 상황에서 이러한 악순환은 더 높은 강도로 진행될 수 있다. 앞으로도 북핵 문제가 악화되면 한국과 중국의 갈등이 커질 가능성이 높다. 뿐만 아니라 북한의 핵미사일 능력이 강화될수록 미국의 확장 억제의 신뢰가 약화되고, 한국 내에서 핵 무장론에 대한 지지도 증가하게 되는데, 이는 한미 동맹에 대한 불안 요인으로 작용할 수 있다. 따라서 남북 관계를 안정시키고, 진전시키는 것이 대외 관계적 측면에서도 매우 중요한 의미가 있다는 점에 대한 인식이 어느 때보다 중요해지고 있다.

## 2) 한중 전략적 협력 동반자 관계의 지속 가능성

국가 간 교류가 증가함에 따라 상대방의 역사 인식, 가치관 등에서 새로운 면을 발견하게 되고, 그중에서 상대방에 대한 부정적 인식을 증가시키는 사건들이 출현하는 것은 피하기 어렵다. 특히 한중 관계는 과거 여러 복잡한 역사적 과정에 대한 상호 이해가 부족한 상태에서 빠르게 발전되었기 때문에, 그러한 위험성은 더 클 수밖에 없다. 2004년 중국의 동북공정이 초래한 논란이 이러한 문제를 전면에 드러낸 중요한 전환점이 되었고,[172] 사드 갈등을 거치면서 양국의 상호 인식이 훨씬 악화되었다.[173]

이와 함께 경제 분야에서 경쟁적 측면이 강화되고, 안보 갈등의 출현 가능성도 높아지고 있기 때문에 한중의 전략적 협력 동반자 관계가 지속될 수 있는가에 의문이 제기되고 있다. 한중 관계가 전략적 의미를 갖는 것은 분명하다. 최근 한중 무역의 증가세가 둔화되고, 특히 한국의 대중 수출이 감소하고 있으나, 2022년 중국은 한국의 최대 수출 상대국이자 수입 상대국이다. 한국의 대중 수출 감소는 중

---

**172** 동북공정 문제가 한국의 중국 인식에 미친 영향은 백영서, 「중국의 '동북공정'과 한국인의 중국 인식의 변화: 대중과 역사학계에 미친 영향」, 『핵심현장에서 동아시아를 다시 묻다』, 창비, 2013 참조.

**173** Pew Research Center의 조사에 따르면 한국인의 중국에 대한 비호감도(unfavorable opinion)는 2002년 31%이었으나 2010년 56%로 증가했고, 그 이후 2015년 37%로 하락했으나 2017년부터 61%까지 상승하고 2022년에는 80%를 기록했다. 2022년 조사에서 일본도 87%로 높았으나, 싱가포르와 말레이시아는 각각 34%와 39%를 기록했다. Laura Slver, Christine Huang and Laura Clancy, "Negative Views of China Tied to Critical Views of Its Policies on Human Rights", Pew Research Center, June 29, 2022.

국이 제조업 경쟁력의 상승만이 아니라, 미국의 기술 통제에 따른 대중 반도체 수출 감소 등의 영향도 컸다. 2022년 한국의 대중 수출이 한국 총수출의 22.7%를 차지했다. 한국은 중국의 제2대 무역 상대국으로 중국에게 무시할 수 없는 중요성을 갖는다. 또한 코로나19의 확산이 시작되기 이전인 2019년 방한 중국인의 수는 602.4만 명으로 전체 방한 외국인의 34.4%를 차지했다. 같은 해 방중 한국인 수도 434.7만 명에 달했다.

안보 영역에서의 협력도 양국 모두에게 중요하다. 우리에게는 한반도의 안정과 평화가 사활적 문제이며, 중국의 입장에서도 주변 지역의 안정과 주변 국가와의 우호적 관계 유지는 자신의 안정적 발전에 매우 중요한 의미가 있다. 즉 한중 사이에 이러저러한 갈등과 차이가 있다고 하더라도, 한중은 이러한 공동 이익을 기초로 전략적 동반 협력자 관계를 발전시켜야 한다. 이러한 접근이 '전략'이라는 단어가 갖는 본래의 의미에 더 가깝다. 즉 갈등 요인이 전혀 없고 모든 면에서 이익이 같다면 전략이 필요하지 않으며, 차이와 갈등 요인이 있을 때 전략적 사고에 입각해 이를 관리하고 공동 이익을 확대시키는 노력이 필요한 것이다.[174]

문제는 이러한 필요성이 전략적 협력을 보장하는 것은 아니라는 데 있다. 특히 한국과 중국이 상대를 자신의 전략적 이익을 위협하는 행위자로 인식할 경우 전략적 갈등과 충돌이 증가하게 된다. 따라서

---

174 이에 대한 논의는 이남주, 「문재인 정부 시기 한중 관계 평가: 전략적 협력동반자 관계는 지속 가능한가?」, 『동향과전망』, 112호(2021).

한중 관계의 전략적 중요성과 전략적 협력 사이에 상당한 간극이 존재하며, 이러한 간극을 어떻게 좁혀 갈 것인가가 앞으로 한중 관계의 중요한 과제이다. 양 차원에서 보면 이를 어렵게 만드는 요인은 두 가지이다.

첫째, 힘의 비대칭성이다. 이는 중국의 주변 국가들이 대부분 직면하고 있는 문제이다. 영토와 인구 규모의 현격한 차이에서 비롯된 문제인데, 최근 중국의 경제 성장으로 영토와 인구 규모의 우위가 빠른 속도로 경제 규모와 국방비의 우위로 전환되었다. 1997~2021년 사이에 일본의 GDP는 4조 4900억 달러에서 4조 9400억 달러로 제자리걸음을 하고, 한국의 GDP는 5700억 달러에서 1조 8100억 달러로 증가한 반면, 같은 기간 중국의 GDP는 9600억 달러에서 17조 7300억 달러로 급증했다. 2021년 국방비 지출은 중국이 2934억 달러에 달했고, 일본과 한국은 각각 541억 달러와 502억 달러를 기록했다.[175] 지리적으로 인접해 있는 국가로서 이에 대한 경계심이 생기지 않을 수 없다.

둘째는 이념과 가치 영역에서의 차이이다. 힘의 비대칭성이 증가하더라도 가치나 이념적 지향이 유사하다면 이를 큰 위협으로 인식하지 않을 수 있다. 그리고 이념과 가치가 다르다면 힘의 비대칭성이 이념과 가치를 강요하는 도구가 될 가능성에 대한 우려가 증가하기 쉽다. 특히 중국 주변 지역에서는 중국의 패권에 대한 역사적 기억이 다시 출현하고 있는 힘의 비대칭성에 민감하게 반응하도록 만들고 있다.

175 세계은행 데이터 베이스(http://data.worldbank.org)

최근 이 두 가지 요인이 상승 작용을 일으키며 중국과 한국 관계는 물론이고, 중국과 다른 주변 국가들과의 관계에 어려움을 증가시키고 있다. 첫째 요인은 객관적 구조로, 이것은 인위적으로 변화시키기 어렵다. 다른 국가들이 중국의 부상을 억제하겠다는 목표를 추구한다면 이는 더 큰 갈등과 충돌로 이어질 것이다. 그렇다면 둘째 요인을 어떻게 관리하는가가 향후 한중 관계에 큰 영향을 미칠 것이다. 이와 관련해 김대중은 '접촉'을 중심으로 하는 정책을 강조했다. 이는 '햇볕정책'의 원칙을 다른 국가들과의 관계나 인권 문제 해결에도 적용시키는 것으로 볼 수 있다. 기본적으로 "분쟁을 평화적으로 해결해서 공동의 이익을 추구하자."라는 정신에 기초한 것이다.[176] 김대중은 "무력 사용이나 냉전 대결을 배제하고, 대화와 교류 협력을 통해서 문제를 해결하려는 '햇볕정책'의 유용성은 한국에서만 성과를 얻은 것이 아니라, 국제적으로도 그 효력이 입증되었습니다."라고 강조했다. 그리고 헬싱키 협정과 그에 이은 소련과 동유럽에서의 변화를 그러한 주장을 뒷받침하는 근거로 제시했다.

이는 상식적 이야기처럼 보이지만, 최근 국제 관계와 관련한 담론에서 중시되지 않는 지혜이다. 예를 들면 냉전 체제의 평화적 해체도 소련에 대해 타협하지 않는 대결적 정책의 결과라는 서사가 지배적이다. 이러한 태도는 국가 간 갈등을 격화시키고, 대화에 의한 해결 가능성을 낮춘다. 그러나 1975년 헬싱키 협정으로 소련의 안보에 대

176 2008년 3월 22일 미국 하버드 대학에서 "햇볕정책이 성공의 길이다"라는 제목으로 진행된 강연 중. 연세대학교 김대중도서관 편, 『김대중 전집 I - 제10권』, 연세대학교 대학출판문화원, 2015, p. 357과 p.360.

한 우려를 감소시키지 않았다면 소련과 동유럽 내부 사회의 역동성이 만들어지기 어려웠을 것이다. 체제의 변화는 내부의 동력에 의해 결정되는 것이다. 대립과 전쟁은 이에 부정적 영향을 미치게 된다. 대립을 피하거나 방지한다고 자신이 바람직하다고 생각하는 방향에 대한 생각을 감출 필요는 없다.

김대중은 2009년 5월 전직 대통령 신분으로 중국을 방문해 중국사회과학원 연구원을 대상으로 한 발언에서 "동북아의 천하태평에 중국이 역할을 하고 그 다음에 동아시아, 세계의 천하태평을 이룩하도록 노력해야 한다고 생각합니다. 과거에는 천하를 장악한 자는 특권이 있었지만, 이제는 천하를 장악한 자는 평화와 복지와 국민들의 행복 문제에 대해서 책임이 있습니다. 특권으로부터 책임으로 천하태평의 개념이 변화했습니다."라며 대국의 책임을 강조했다.[177] 그러나 이러한 입장은 상대를 비난하고자 하는 의도에 의한 것이 아니라 같이 더 좋은 미래를 만들어 나가고자 하는 지향을 전제로 하는 것이다. 그렇기 때문에 강조점도 비난이 아니라 책임에 찍혀 있다. 이러한 지향이 한국과 중국 양측에서 공감대를 형성할 수 있다면, 여러 갈등이 대립과 충돌로 이어지지 않고 협력 속에서 관리되거나 해결될 수 있는 공간을 넓힐 수 있을 것이다.

---

**177** 연세대학교 김대중도서관 편, 『김대중 전집 I - 제10권』, 연세대학교 대학출판문화원, 2015, p. 720.

## 5. 결론

김대중 정부 시기 한중 관계는 이후 비약적 발전의 기초를 구축했다. 당시 한중 관계의 발전에 유리한 환경이 조성되어 있었지만, 그렇다고 도전적 요인이 없었던 것은 아니다. 무엇보다 동아시아의 금융 위기는 동아시아 국가들 사이의 출혈 경쟁으로 이어질 수 있었다. 남북 관계의 악화는 한반도 안정에 위협이 될 뿐만 아니라 한중 관계에도 부정적 영향을 줄 수 있었다. 미중 관계의 불안정성도 높아지고 있었다. 이러한 도전 요인을 극복하고 한중 관계의 발전을 지속시킴으로써 그 이후 중국의 부상에 따른 경제적, 정치적 이익을 같이 누릴 수 있었다. 최근까지 한국이 이룬 많은 성취에 한중 관계의 안정적 발전이 큰 기여를 했다는 사실은 부인할 수 없는 사실이다. 이는 중국의 발전에도 긍정적 영향을 주었다.

김대중 정부 시기 한중 관계의 가장 큰 성과는 한중이 역사적으로 불행한 기억과 제도·이념적 차이를 극복하고 동반자 관계를 발전시키기로 합의한 것이다. 그 이후 한중 관계는 꾸준히 발전해 2008년 전략적 협력 동반자 관계를 발전시키기로 합의하기도 했지만, 최근 여러 어려움에 직면해 있다. 역사적, 문화적 그리고 지리적 요인 등을 고려하면 한중 관계가 앞으로 어떤 어려움을 겪더라도 동반자 관계라는 정치적 기초는 계속 유지할 수 있도록 노력해야 한다.

김대중 정부 시기의 한중 관계와 대중 정책이 이러한 방향으로 나아가는 데 많은 시사점을 줄 수 있다. 무엇보다도 갈등과 차이를 앞

세우는 것이 아니라, 공동 이익을 기초로 협력을 확대해 가는 것을 기초로 해야 한다는 점이다. 이는 김대중 외교의 기본 철학이다. 한중 관계에도 현재 갈등적 측면이 더 눈에 띄지만, 그 이면에는 광범위한 공동 이익이 존재하고, 협력을 통해 이 공동 이익을 더 증가시킬 수도 있다. 김대중에게는 이러한 방식의 협력이 인류 사회를 더 건강한 방향으로 나아가게 만들 수 있다는 낙관적 신념, 역사에 대한 믿음도 있었다. 온갖 고초를 겪으면서도 결국은 한국 사회가 제대로 된 방향으로 나아가게 만드는 데 중요한 역할을 한 경험에 뿌리를 두고 있는 믿음이다. 대립과 갈등이 증가하고 있는 현 상황에서 더 중요해지는 믿음이다.